Strade blu

Giuseppe Culicchia

UCCIDERE UN FASCISTA

Sergio Ramelli, una vita spezzata dall'odio

MONDADORI

mondadori.it

Uccidere un fascista
di Giuseppe Culicchia
Collezione Strade blu

ISBN 978-88-04-76135-8

I edizione marzo 2025

Anno 2025 - Ristampa 1 2 3 4 5 6 7

Uccidere un fascista

a Margherita

Questo libro esce a cinquant'anni di distanza dagli avvenimenti che racconta, per tenerne viva la memoria. La prima stesura è stata consegnata all'editore nel marzo del 2022. Non è opera di fantasia, se non per alcuni dialoghi e passaggi che l'autore è stato costretto a ricostruire ricorrendo alla sua immaginazione poiché non era presente al momento dei fatti.

Noi siamo un Paese senza memoria.
Il che equivale a dire senza storia.
PIER PAOLO PASOLINI

1

Ciao Sergio. Io non ti conoscevo. Mi permetto di darti del tu perché anche se sei nato nove anni prima di me, come quel giovane a me tanto caro, Walter Alasia, tu Sergio avrai sempre diciotto anni, e dunque ai miei occhi resti come lui un ragazzo: un ragazzo di ieri, ucciso a tua volta nel pieno della giovinezza. E dunque, di nuovo: che anno è? Che giorno è? Chiudo gli occhi. Eccoli. Arrivano. Annunciati dall'eco degli slogan scanditi da migliaia di voci. In prima fila, i ragazzi con l'eskimo e il casco. È la testa del corteo che avanza. Altri ragazzi in divisa blu aspettano dietro i loro scudi il momento dell'urto. Anche loro indossano caschi. È la Celere schierata. Tutto intorno, la città assiste muta. Le finestre chiuse, le saracinesche dei bar e dei negozi abbassate. È la Storia. La Storia che avanza. Che si materializza nell'attimo dello scontro. Fischi e urla. Bastoni e manganelli. Sirene e lampeggianti. L'odore acre dei lacrimogeni. La marea della folla che si frange e si disperde. Qualcuno, da dietro le finestre e le saracinesche, dice: «Sembra una guerra». Quella guerra che in realtà è finita ormai – o appena? – da trent'anni. E che però, in quanto guerra civile,[1] non è finita mai. Perché ha saputo piantare i semi dell'odio. Un odio capace di passare di generazione in generazione. Che nella Milano della vostra giovinezza non si respira soltanto assieme all'odore acre degli scontri di piazza. Con questi ci sono anche le minacce mirate, *ad personam*. Le schedature. I pedinamenti. Gli agguati. Coltelli e chiavi inglesi. Piazza San Babila e il Casoretto. Il sangue torna a scorrere anche se non è più la metà degli anni Quaranta, ma la metà degli anni Settanta. Quelli che iniziano con una bomba e che finiscono con i colpi delle P38. Nel mezzo, tante, troppe vite spezzate. Una è la tua.

Quando andavo ancora a scuola, di anni ne avevo dodici e frequentavo la seconda media, scrissi un tema intitolato *Mio fratello Giulio*, dove per Giulio intendevo il presidente del Consiglio Andreotti. Il mio professore di lettere lo lesse ad alta voce in classe. Ricordo che si trattava di un tema per certi aspetti anche divertente – mio cugino Walter era stato ucciso l'anno prima, avevo già imparato a difendermi dal dolore con l'ironia – in cui però la figura dell'uomo politico democristiano, che incarnava allora più di ogni altra un potere determinato a ogni costo a preservare se stesso, non veniva precisamente osannata. Sta di fatto che si era nel 1977, anno destinato a simboleggiare un'epoca nella quale perfino scrivere temi in classe che avevano per oggetto questioni politiche poteva – non era certo il mio caso, nessuno pensò di tendermi un agguato perché avevo leso la maestà del Divo Giulio – comportare delle conseguenze. Com'era accaduto a te appena un paio di anni prima. Già, Sergio: tu, che rispetto a Walter stavi come usa dire dall'altra parte, ma che al contrario di lui non avevi scelto di impugnare le armi e non avevi ammazzato nessuno, sei stato ucciso per aver scritto un tema.

Tua madre Anita Pozzoli ti aveva messo al mondo a Milano l'8 luglio 1956, senza sapere che un giorno, giovedì 13 marzo 1975, saresti stato ferito a morte a colpi di chiave inglese nell'agguato ordito e portato a termine in via Paladini a pochi passi dall'abitazione della tua famiglia in via Amadeo da alcuni studenti di Medicina che facevano parte di Avanguardia Operaia, per poi spirare in un letto d'ospedale dopo quarantotto giorni di agonia il successivo 29 aprile. Dieci anni dopo, fu lei a raccontare così la tua morte al "Corriere della Sera".

"Ero andata a scuola a prendere Simona, in viale Romagna. Simona aveva nove anni. Arrivo e il Ciao è a terra, i capannelli, una gran confusione. Il Ciao Sergio non aveva avuto il tempo di incatenarlo. Una signora mi strappa Simona di mano e dice: la bambina sta con me. Non so quante volte ho invocato la Provvidenza e ho ripetuto: Gesù Cristo aiutami. Sempre accanto al lettino, per coglierne impercettibili movimenti delle labbra. Ho sperato fino all'ultima sera, quando aveva 39 di febbre e faticava a respirare. Avrei voluto afferrarlo e portarlo a casa. Mio marito diceva: troviamo un'altra abitazione. È inutile, perché le cose te le porti dentro. È un chiodo fisso, pure quando vado in montagna. Tutto mi richiama lui: le strade, i negozi, le facce, i sorrisi, gli amici. Vedo un giovane con il motorino e penso: ha la sua età, poteva essere Sergio. A una malattia ti rassegni, ma così, alle undici esce di casa sano e contento, e due ore dopo..."

Avanguardia Operaia, comunemente detta AO, era stata fondata nel 1968 a Milano da un gruppo di militanti che per la maggior parte si rifacevano alla tradizione trotskista. Il loro punto di riferimento era la testata omonima, stampata a Milano tra la fine del 1967 e l'inizio dell'anno successivo da un gruppo di lavoratori della Sit-Siemens. Proprio questo giornale aveva presto dato voce alla linea ufficiale dell'organizzazione, nata nel contesto del Circolo Culturale Il Manifesto e dall'unione degli stessi operai della Sit-Siemens con quelli di aziende come la Pirelli, la SIP e la Borletti, e che si era rivelata capace di fare proseliti tra gli studenti iscritti presso l'Università Statale e tra ex appartenenti ai Gruppi Comunisti Rivoluzionari. Nel 1975 Avanguardia Operaia – che nel frattempo aveva dato vita a una serie di altre pubblicazioni, tra cui il "Quotidiano dei Lavoratori" – si era ormai diffusa in oltre ottanta province italiane, ma il capoluogo lombardo restava il fulcro dell'organizzazione: su trentacinquemila militanti, ben diecimila operavano a Milano. Fin dall'inizio, AO aveva scelto di porsi in modo assai critico nei confronti delle posizioni assunte dal Movimento Studentesco, cosa che si era tradotta anche in violenti scontri di strada tra i rispettivi servizi d'ordine. Anche per questo, al suo aveva dato una struttura quasi militare: la città era stata divisa in zone, e ciascuna di queste aveva la sua squadra. E ben presto, alla pari di altri gruppi della sinistra giovanile, il servizio d'ordine di Avanguardia Operaia si era dato alla pratica dell'"antifascismo militante". Chiunque fosse sospettato di simpatie per la destra o peggio fosse iscritto al Fronte della Gioventù veniva schedato, fotografato e pedinato. Alle minacce seguivano le aggressioni. Il metodo standard: nel momento in cui si era certi che il "fascio" di turno si sarebbe trovato per strada da solo, la squadra incaricata lo circondava per poi colpirlo sul capo con chiavi inglesi Hazet 36, fino a farlo cadere a terra privo di conoscenza. Quei colpi avevano un che di simbolico. Era come se si volesse estirpare un pensiero non conforme. A chi ha idee diverse dalle nostre, noi gli sfondiamo il cranio. Epicentro di tutto questo era Città Studi, dove AO era riuscita a raccogliere numerose adesioni tra gli studenti dei corsi di laurea in Agraria, Fisica, Ingegneria e Medicina della Statale. Ma la formazione extraparlamentare aveva fatto breccia anche altrove, specie lì dove studiavano i figli della classe lavoratrice: negli istituti tecnici. Tra questi, l'Istituto per periti chimici "Molinari". Quello che frequentavi tu.

La tua storia, Sergio, è tra le tante, troppe storie terribili che contrassegnano questa nostra Repubblica negli anni che vanno dalla strage di piazza Fontana alla strage di

Bologna, quella di un ragazzo ammazzato per aver scritto un tema in classe. Un tema in cui avevi raccontato l'uccisione a Padova, il 17 giugno 1974, di due militanti del Movimento Sociale Italiano: i primi due omicidi di quelle Brigate Rosse in cui di lì a poco sarebbe entrato Walter. Saresti ancora vivo se quel giorno di giugno a Padova un commando brigatista guidato da Roberto Ognibene non avesse assassinato con un colpo alla nuca Giuseppe Mazzola, carabiniere in congedo e padre di quattro figli, e Graziano Giralucci, agente di commercio e padre di una bambina di appena tre anni? Sarebbe ancora vivo Walter se poco tempo dopo non avesse conosciuto Renato Curcio? E sarebbero ancora vivi i due poliziotti che Walter uccise prima di venire ammazzato a sua volta a Sesto San Giovanni la mattina del 15 dicembre 1976, il maresciallo Sergio Bazzega e il vicequestore Vittorio Padovani? Chissà. In ogni caso ci sono troppi "se" in queste mie frasi. La Storia non li prevede. Fa il suo corso. Macina vite. Non guarda in faccia nessuno.

Di nuovo sento l'urgenza di tornare in quegli anni Settanta. Gli anni della mia infanzia e della vostra giovinezza, di Walter e tua, Sergio: una giovinezza stroncata dall'odio. L'odio di chi in te non vedeva un ragazzo, una persona, ma solo un "fascio". E l'odio di Walter per un sistema capitalista destinato non a essere vinto dalla lotta di classe ma al contrario a vincerla, come è evidente a mezzo secolo di distanza da quegli anni. Anni in cui una generazione – la vostra – da una parte come dall'altra tentò la strada della ribellione o della rivoluzione e comunque della sovversione. Una strada costellata di morti. In larga parte, vostri coetanei: compresi quelli che indossavano una divisa e avevano scelto di stare con lo Stato, chi perché convinto di difendere i valori della Costituzione, chi semplicemente per portare a casa uno stipendio. So che a queste mie parole qualcuno avrà un sussulto. I morti, si dice, non sono tutti uguali. Vero: e a stabilirlo sono da sempre i vincitori. Ma il dolore di chi li amava quando erano in vita e continua ad amarli lo è, e ha pari dignità.

Sta di fatto che io Walter l'ho conosciuto. Te no, Sergio. Chi eri? Com'è che sei finito a tua volta nel tritacarne dei cosiddetti anni di piombo, gli anni della strategia della tensione o, come vuole una terza formula, degli opposti estremismi?

Walter da ragazzino si era iscritto a Lotta Continua. Tu al Fronte della Gioventù. Lui poi era entrato nelle Brigate Rosse, e in seguito a questa scelta ha ucciso ed è stato ucciso. Tu invece hai scritto quel tema contro le Brigate Rosse, e in seguito a questa presa di posizione sei stato ucciso. Chissà se vi siete incrociati, prima di morire. Lui da una parte, tu dall'altra. E ciò nonostante, entrambi alle prese con la Storia. Quella Storia con la "S" maiuscola che ha schiacciato le vostre storie con la "s" minuscola. Ma su questo torneremo più avanti. So che c'è chi al contrario di me ti ha conosciuto e di te ha scritto.[2] Ma a distanza di tanto tempo, sono passati cinquant'anni, credo che raccontare la tua storia sia ancora necessario. Perché anche se siamo nel 2025 troppo spesso in politica l'avversario in Italia non esiste: come se fossimo rimasti nell'aprile del 1945, esiste solo il nemico. Un nemico che in quanto tale non ha diritto a essere combattuto con le idee ma va appeso ancora e sempre a testa in giù. Agli occhi di chi la pensa come la si dovrebbe pensare, agli occhi dei buoni e dei giusti, non solo tu ma chiunque altro la pensi come te semplicemente non dovrebbe esistere. Nel loro mondo non c'è spazio per chi ha idee non conformi alle loro. E per questo si adoperano perché ogni spazio possibile sia sottratto a chi la pensa diversamente da loro. Cosa che all'epoca si riassumeva perfettamente in uno slogan che in realtà era un vero e proprio programma politico, culturale, sociale: fascisti carogne tornate nelle fogne. Tu nel loro mondo non avevi diritto di cittadinanza. Nel tuo caso non valeva lo Ius Soli. E dato che a te e a quelli come te la testa non la si può cambiare, allora diventò non solo necessario ma anche legittimo romperla, fracassarla, sfondarla. Se mai ti fossi salvato, saresti rimasto invalido a vita. Da parte mia, ho molto amato Walter, e lo amo ancora. Anche tu devi essere stato molto amato dai tuoi famigliari, e c'è chi – a cominciare da tua sorella, la sola rimasta in vita dei tuoi – ti ama tutt'ora. Raccontare anche la tua storia, dopo aver raccontato quella di Walter, significa per me chiudere un cerchio. Anche tu come Walter portavi i capelli lunghi. Anche tu come lui tifavi per l'Inter. Anche tu come lui amavi la musica. Anche tu come lui ammiravi la lotta di Nuvola Rossa e degli indiani d'America contro le giubbe blu del generale Custer.

Anche tu eri iscritto a un istituto tecnico. Anche tu come lui appartenevi a una famiglia come tante. Eravate nati nello stesso anno a pochi mesi e chilometri di distanza l'uno dall'altro. Una cosa sola vi separava. Ed è con umiltà che proverò a mettere l'una in fila all'altra le parole per raccontare com'è stata spezzata la tua giovinezza.

2

"Noi non siamo mai stati missini" ha raccontato tua madre dopo la tua morte. "Certo non eravamo di sinistra, ma qui a casa di politica non si parlava mai. Io ho cominciato a votare MSI nel 1972, dopo quattro o cinque volte che avevo votato Democrazia Cristiana. Da noi Sergio ha assimilato dei valori, non delle ideologie. Forse aveva capito che quella era la sua strada per 'reazione', come succede per molti ragazzi. Me lo ricordo il mio Sergio quando tornava a casa da scuola, sconvolto per quel che vedeva, per le sopraffazioni quotidiane. Maturò le sue idee assistendo a quelle scene disgustose. Era sufficiente disertare un'assemblea per venire etichettato come fascista. Poi, magari, un amico di destra, un pomeriggio passato al Fronte della Gioventù. Chissà, forse la scoperta di gente diversa. Comunque non ne parlavamo molto. Era un ragazzo normale, gli piaceva lo sport, soprattutto il calcio. E aveva i capelli lunghi non perché erano di moda, ci teneva, gli piacevano. Quella dei capelli era una discussione continua, in casa, con il padre. Ogni volta che andava dal barbiere tornava con sì e no mezzo centimetro in meno e suo papà voleva rimandarlo a tagliarseli..." Una scena che conosco bene: perché identica a quella che negli stessi anni vedeva protagonisti Walter e suo padre, Guido Alasia.

All'epoca della tua morte avevo appena dieci anni e sentii parlare di te solo al telegiornale. Soltanto l'anno successivo, quelle che fino ad allora non erano state altro che notizie intercettate in tv tra un servizio sulla guerra in Vietnam e uno sul colpo di Stato in Cile mi avrebbero toccato da vicino, molto da vicino, malgrado non vivessi a Milano ma a Grosso nel Canavese: piccolo paese ai piedi delle Valli di Lanzo dove la violenza politica risaliva al tempo di una guerra che come detto da mondiale era diventata civile e in cui gli echi degli scontri tra opposte fazioni, della lotta armata e dell'eversione erano appunto solo tali. Questo almeno fino all'8 ottobre 1982, quando il brigadiere dei carabinieri Benito Atzei venne ucciso in uno scontro a fuoco dopo aver istituito con il carabiniere ausiliario Giovanni Bertello un posto di blocco nei pressi di Corio Canavese, e fermato due auto con a bordo quattro brigatisti, Giuseppe Potenza, Fiore De Mattia, Giuseppe Scirocco e Roberto Tua. Da parte mia non potevo immaginare che un giorno avrei incontrato Giovanni Bertello proprio a Corio durante una presentazione di *Il tempo di vivere con te,* e con lui la figlia di Benito Atzei, rimasta orfana di padre quando era bambina. E di nuovo in quell'occasione, come quando pochi mesi prima avevo conosciuto Giorgio Bazzega, il figlio del maresciallo Sergio Bazzega, ucciso da Walter, non ho potuto fare a meno di chiedermi che senso abbia avuto per tante famiglie tutto questo dolore.

Ma questa è un'altra storia, che ho raccontato altrove. Se con Walter ho vissuto le estati più felici della mia infanzia, tu per me a lungo non sei stato che un nome. E immagino che sia lo stesso per molti tra coloro i quali ora stanno leggendo queste mie righe, a meno che non si tratti di un tuo parente, amico o camerata. Perciò anche molti lettori di questo libro avranno di te soltanto sentito parlare: forse. Scrivo *forse* non solo perché sono passati cinquant'anni da quei giorni della primavera del 1975, ma anche perché tu Sergio stavi secondo molti dalla parte sbagliata. La parte sbagliata della Storia. Della politica. E quel giorno, il giorno in cui venisti aggredito, perfino della città. Tu Sergio, che come Walter portavi i capelli lunghi e tifavi per l'Inter e ammiravi gli indiani d'America e che però anziché a basket giocavi a calcio e ascoltavi anche tu Lucio Battisti ma adoravi in particolare Adriano Celentano, fosti ferito in modo non solo brutale ma infine mortale a pochi passi da casa da persone che a loro volta non ti conoscevano. E per chi legge queste righe tu sei, a seconda dei casi, un camerata oppure un "fascio". E dunque, o sei un martire oppure hai fatto la fine che meritavi. Non vanno forse sempre appesi a testa in giù i "fasci", come a piazzale Loreto? Quante volte lo abbiamo sentito dire o letto, non più o non solo sui muri ma anche sui cosiddetti social, in questi nostri anni? Quante volte è stata augurata la stessa fine a Giorgia Meloni, magari esponendo il suo libro a testa in giù in libreria per poi rilanciarne l'immagine su Instagram e altrove? All'epoca in cui tu venisti ferito a morte, però, non esisteva alcuna piazza virtuale. Si scendeva semmai in piazze decisamente "fisiche". E in quelle milanesi dove a bordo del tuo Ciao ti spingevi anche tu, in occasione delle ricorrenti manifestazioni masse di giovani e giovanissimi militanti extraparlamentari di sinistra gridavano slogan che erano parole d'ordine del tutto legittime per chi riteneva che dopo il 25 aprile 1945 la Resistenza fosse stata tradita, che il Movimento Sociale Italiano non dovesse stare in Parlamento e che il Fronte Universitario d'Azione Nazionale o FUAN non dovesse entrare nelle università. Era infatti opinione comune – ben prima dell'esito dei relativi processi – che il 12 dicembre 1969 i sette chili di tritolo della prima cosiddetta strage di Stato presso la filiale della Banca dell'Agricoltura in piazza Fontana a Milano fossero stati messi dai "fasci": il fatto che nessuno degli autori materiali delle stragi fosse iscritto all'MSI, nel frattempo diventato MSI-Destra

Nazionale, e che l'MSI-DN con il suo 8 per cento di elettori rappresentasse quattro milioni di italiani, non aveva alcuna importanza. E malgrado l'MSI-DN sedesse in Parlamento per volere dei Padri Costituenti, chi come te era iscritto al Fronte della Gioventù, organizzazione giovanile di tale partito, veniva erroneamente considerato un "extraparlamentare di destra". Quegli slogan recitavano così:

PIAZZALE LORETO CE L'HA INSEGNATO,
UCCIDERE UN FASCISTA NON È REATO!
LE SEDI FASCISTE SI CHIUDONO COL FUOCO,
CON I FASCISTI DENTRO SENNÒ È TROPPO POCO!
FASCISTI CAROGNE TORNATE NELLE FOGNE!
FASCIO IMPARA, P38 SPARA!
UCCIDERE UN FASCISTA NON È REATO,
LA RESISTENZA CE L'HA INSEGNATO!
IL MARESCIALLO TITO CE L'HA INSEGNATO,
USARE LE FOIBE NON È REATO!

In quel 1975 le foibe non erano minimizzate: al contrario, c'era chi anziché rimuoverle del tutto le portava a esempio. In ogni caso, la Seconda guerra mondiale era finita da appena trent'anni. E appena trent'anni erano passati dal biennio 1943-1945, che all'inizio degli anni Novanta Claudio Pavone avrebbe poi avuto il coraggio di definire – in veste di storico per primo, a sinistra – come quello della guerra civile, suscitando va da sé moltissime polemiche, perché l'idea che si fosse trattato di una guerra civile restava per molti un tabù, visto che andava contro una certa retorica della Resistenza, peraltro già ampiamente messa in discussione da un insospettabile ex partigiano come Beppe Fenoglio: uno di quegli autori che a noi studenti delle medie e superiori venivano fatti leggere durante l'anno scolastico o le vacanze estive, ma che certi non leggevano fino in fondo.

Sta di fatto che per noi bambini degli anni Settanta l'ultimo conflitto mondiale, durante il quale erano stati bambini o adolescenti i nostri genitori e giovani uomini o giovani donne i nostri nonni, aveva nel nostro immaginario contorni epici, quasi come la guerra di Troia. E alla pari di questa aveva i suoi miti e i suoi eroi, celebrati anche dai fumetti che leggevamo, da *Super Eroica* a *Guerra d'Eroi*, e messi in scena nelle battaglie che ricreavamo con i soldatini Airfix o Atlantic: che io volevo dell'Afrikakorps, perché erano stati due soldati tedeschi di quel contingente africano a salvare la vita a mio padre, quando da ragazzino era rimasto sepolto vivo a Marsala sotto le bombe degli americani. Ma tu e Walter e i vostri coetanei non giocavate più con i soldatini. In tanti, da una parte in nome della succitata Resistenza tradita e dall'altra del tradito onore d'Italia – in seguito all'armistizio di Cassibile[3] e all'8 settembre 1943, che tra le altre cose avevano reso la nostra una nazione a sovranità limitata –, replicaste in sedicesimo le dinamiche di quel conflitto fratricida di cui in realtà non si è ancora spenta l'eco, o – è il tuo caso – ne rimaneste vittime.

Prima di cercare di capire chi fossi e di ricostruire che cosa ti accadde, Sergio, credo valga la pena rendere un'idea del clima che si respirava a Milano in quegli anni, a cominciare dalle settimane tra il tuo ferimento e la tua morte, e riportare dunque qui le circostanze dell'uccisione di un altro ragazzo, Claudio Varalli, a cui seguirà quella del coetaneo Giannino Zibecchi. Il 16 aprile 1975 in città venne indetta una manifestazione sul diritto alla casa, a cui parteciparono i sindacati degli inquilini e parecchi militanti dei gruppi extraparlamentari di sinistra. Finita la manifestazione, un gruppo di ragazzi del Movimento Studentesco puntò verso la Statale, e in piazza Cavour s'imbatté in tre sanbabilini, come venivano chiamati i neofascisti della giovane borghesia milanese che frequentavano piazza San Babila. I tre erano fra gli avventori abituali del bar Cavour, a cui alcuni appartenenti al

FUAN diretti in via Manzoni per un volantinaggio avevano lasciato dei volantini. Il gruppo di militanti di sinistra li aggredì senza indugio: in due riuscirono a fuggire, mentre il terzo, Antonio Braggion, che era claudicante, fu costretto a rifugiarsi nell'abitacolo della sua Mini Minor. Circondata la vettura, cinque o sei militanti del Movimento Studentesco, tra cui – come riportato ancora il 7 settembre 2010 dal "Giornale" e il 3 settembre 2018 da "Repubblica" – il futuro assessore all'Urbanistica di Milano Stefano Boeri, iniziarono a tempestarla di colpi, con sassi e corpi contundenti – il quotidiano "l'Unità" menzionò il fatto che alcuni testimoni avevano parlato di chiavi inglesi – rompendo il finestrino del posto guida. A quel punto Braggion, consapevole del fatto che tu da poco più di un mese versavi in coma all'ospedale dopo essere stato colpito più volte al capo proprio con chiavi inglesi, esplose tre colpi con la pistola che teneva in auto. Il terzo raggiunse al volto uno degli aggressori, lo studente diciassettenne Claudio Varalli.

Il giorno successivo, in piazza Cavour venne indetta una manifestazione con comizio. E presto una moltitudine si diresse verso la sede milanese dell'MSI in via Mancini. Durante gli scontri che seguirono in corso XXII Marzo, un reparto di carabinieri del Terzo Battaglione Milano comandato dal capitano Alberto Gonella venne chiamato d'urgenza per dare manforte agli uomini della polizia, che nel frattempo avevano esaurito i lacrimogeni. Uno degli autocar-

ri della colonna dell'Arma, guidato dal diciottenne Sergio Chiarieri – alla cui sinistra era seduto il sottotenente Alberto Gambardella – imboccò corso XXII Marzo, salendo sul marciapiedi gremito di manifestanti anziché immettersi nella corsia centrale e, scendendo in strada, urtò Giannino Zibecchi, sbalzandolo in avanti per poi investirlo e schiacciargli il cranio con la ruota anteriore sinistra.

Fu così che, nel giro di quarantotto giorni, a Milano si contarono tre morti fra i ragazzi che, da una parte o dall'altra, avevano scelto la militanza politica. Uno di quei tre eri tu, Sergio. A queste tre morti, fecero seguito due processi: quelli relativi alle uccisioni di Claudio Varalli e Giannino Zibecchi. La sentenza in cui nel 1978 Antonio Braggion venne condannato a dieci anni per eccesso di legittima difesa – poi ridotti a sei in appello – stabilì che "l'aggressione del gruppo dei giovani fu improvvisa, rapidissima, premeditata, violentissima". La sentenza in cui vennero invece assolti Gonella e Gambardella per non aver commesso il fatto e Chiarieri per insufficienza di prove venne firmata da un certo Francesco Saverio Borrelli. Quanto alla tua uccisione, l'inchiesta venne affidata al sostituto procuratore Emilio Alessandrini, lo stesso magistrato incaricato di seguire i casi di Varalli e Zibecchi e che un anno più tardi emise il mandato di cattura nei confronti di Walter, per poi venire ucciso da un commando di Prima Linea il 29 gennaio 1979. Tra l'altro: all'assalto alla sede dell'MSI di via Mancini partecipò tra le fila di Lotta Continua anche Walter, poco prima di entrare nelle Brigate Rosse. Qualche mese dopo, spedì a me e a mia sorella Gabriella un libro fotografico intitolato alla Nuova Resistenza, in cui una lunga serie di fotografie in bianco e nero documentavano i fatti di quei giorni. Al libro unì una lettera, in cui ci scriveva che tra i manifestanti c'era anche lui: e a lungo, chini sul tavolo della cucina della nostra piccola casa di Grosso Canavese, cercammo di distinguere il suo volto tra la folla di giovani, senza riuscirci. Comunque: riferendosi al fatto che il tuo caso era stato affidato a Emilio Alessandrini, il quotidiano milanese "La Notte" scrisse: "Il magistrato ha un compito particolarmente difficile in quanto i testimoni dell'aggressione sono pochi e hanno rilasciato testimonianze insicure e confuse". E un processo, di conseguenza, nell'immediato non ci fu.

Se tu non fossi stato in coma nel reparto di terapia intensiva di un ospedale saresti stato tra coloro che si asserragliarono nella sede dell'MSI di via Mancini presa d'assalto anche da Walter. E la tua morte è figlia, alla pari di quelle di Varalli e Zibecchi e di tanti altri, della guerra civile finita soltanto nominalmente a piazzale Loreto nell'aprile del 1945.

Già: piazzale Loreto. Di sicuro l'avranno detto anche a te, quando prima che venissi aggredito per strada iniziarono a perseguitarti nei corridoi della tua scuola: "Finirai appeso a testa in giù". Invece poi la testa te l'hanno spaccata. Oggi che questa cosa dell'appendere a testa in giù i "fasci" è oggetto di revival, almeno tra una parte degli italiani, forse vale la pena di soffermarcisi un momento. Pensa se piazzale Loreto potesse parlare. Che cosa racconterebbe?

3

Io mi chiamo piazzale Loreto. Sto tra la fine di corso Buenos Aires e l'inizio di viale Monza e via Padova. Fui battezzato così perché durante il Ducato di Milano qui sorgeva la chiesa di Santa Maria di Loreto, poi demolita per fare spazio al rondò. Qui nel 1856 l'ornatista Claudio Bernacchi dell'Accademia di Belle Arti di Brera allestì il padiglione provvisorio ligneo in stile neoromanico longobardo per accogliere degnamente l'arrivo a Milano dell'imperatore Francesco Giuseppe. Poi, durante i moti in cui la popolazione milanese si rivoltò contro il governo tra il 6 e il 9 maggio 1898, da qui passarono le truppe e i cannoni del generale Fiorenzo Bava Beccaris, che dopo la proclamazione dello stato d'assedio fece a colpi di moschetto e di obice ottantadue morti e almeno 450 feriti. L'ultima volta che mi hanno citato sui giornali risale al 30 aprile 2018. Dopo la posa di una corona nel luogo dove ci fu l'agguato e il ferimento mortale di Sergio Ramelli, quel giorno circa duecento persone delle duemila che avevano partecipato alla commemorazione facendo il saluto romano e rispondendo al "Presente" vennero qui e portarono dei fiori nel luogo dove erano stati esposti tra gli altri i cadaveri di Benito Mussolini e Clara Petacci. Come sapete, il 29 aprile 1945 scelsero me per mostrare alla folla la fine che aveva fatto il capo del fascismo, perché qui il 10 agosto 1944 erano stati fucilati da militi della Legione Autonoma Ettore Muti, facenti parte del Gruppo Oberdan, quindici partigiani prelevati dal carcere di San Vittore dopo un attentato dinamitardo a un camion tedesco parcheggiato di fronte al numero 77 di viale Abruzzi. In questo attentato era stato lievemente ferito il caporalmaggiore della Wehrmacht Heinz Kuhn mentre avevano perso la vita sei civili milanesi: Edoardo Zaini di anni trentuno, Giuseppe Giudici di anni sessanta, Giuseppe Zanicotti di anni ventotto, Primo Brioschi di anni non pervenuti, Gianfranco Moro di anni diciannove, più una donna dall'apparente età di anni trentacinque ma priva di documenti, più altri quindici feriti. La lista dei partigiani da fucilare per rappresaglia venne compilata dallo stesso comandante dello SD a Milano, l'SS Hauptsturmführer Theodor Saevecke, che già membro dello Einsatzgruppe VI in Polonia nel dopoguerra venne arruolato dalla CIA e introdotto nei ranghi della polizia della Repubblica Federale Tedesca, arrivando a ricoprire il grado di vicedirettore dei Servizi di Sicurezza del Ministero degli Interni. I quindici partigiani scelti da Saevecke per essere fucilati erano: Gian Antonio Bravin, di anni trentasei, a capo del III gruppo dei GAP; Giulio Casiraghi, di anni quarantaquattro, tecnico della Ercole Marelli di Sesto San Giovanni e organizzatore degli scioperi nelle fabbriche sestesi; Renzo Del Riccio, di anni venti, già arrestato e fuggito durante la deportazione in Germania ma poi nuovamente imprigionato; Andrea Esposito, di anni quarantacinque, operaio comunista della 113ª Brigata Garibaldi; Domenico Fiorani, di anni trentuno, socialista delle Brigate Matteotti; Umberto Fogagnolo, di anni trentadue, ingegnere alla Ercole Marelli e consulente per gli attentati delle formazioni partigiane; Tullio Galimberti, di anni ventidue, membro della 3ª Brigata d'assalto Garibaldi "Egisto Rubini"; Vittorio Gasparini, di anni trentuno, cattolico, operatore di una radio clandestina per conto dell'OSS della Quinta Armata americana; Emilio Mastrodomenico, di anni ventuno, agente di pubblica sicurezza collegato con i GAP; Angelo Poletti, di anni trentadue, operaio socialista datosi alla macchia in Val d'Ossola; Salvatore Principato, di anni cinquantadue, socialista membro della 33ª Brigata Matteotti; Andrea Ragni, di anni ventidue, membro delle formazioni Garibaldi; Eraldo Soncini, di anni quarantatré, operaio socialista alla Pirelli Bicocca appartenente alla 107ª Brigata Garibaldi SAP; Libero Temolo, di anni trentasette, operaio alla Pirelli Bicocca militante nelle SAP; Vitale Vertemati, di anni ventisei, meccanico, membro della 3ª Brigata d'assalto Garibaldi GAP. I corpi dei quindici partigiani vennero esposti come monito dalla mattina alla sera di quel giorno.

Di modo che poi, quando a distanza di poco meno di un anno si dovette scegliere un luogo dove esporre i corpi di Mussolini e dei suoi, scelsero di nuovo me, e, dopo averli gettati a terra nella notte tra il 28 e il 29 aprile 1945 lì dov'erano stati trucidati i partigiani, al mattino li appesero a testa in giù al distributore di benzina: di sicuro avrete visto almeno una delle foto che ritrassero i cadaveri di Benito Mussolini, Clara Petacci, Alessandro Pavolini, Paolo Zerbino, Ferdinando Mezzasoma, Marcello Petacci e Francesco Maria Barracu. La salma di

questi però cadde immediatamente e venne sostituita con quella di Achille Starace.

È a causa di foto come questa che ancora oggi vengo tirato in ballo, quando si augura a qualcuno di venire appeso "come in piazzale Loreto". Ma perché i cadaveri vennero appesi? Il fatto è che alle sette di quella mattina i primi passanti si accorsero dell'identità dei corpi gettati a terra dai partigiani, e poco per volta la voce si sparse tra i milanesi. Presto si radunò una folla, e in tanti presero a infierire sui cadaveri. Non ci si limitò agli insulti: agli sputi si alternavano i calci. Una donna che aveva perso in guerra cinque figli sparò alla salma di Mussolini altrettanti colpi di pistola. Un uomo orinò sul cadavere della signorina Petacci, che era senza biancheria intima. Fu quando la furia della moltitudine non si riuscì a placare neppure sparando in aria colpi di mitra che vennero chiamati i pompieri per appendere i corpi al distributore. Prima vennero lavati con l'autopompa, visto com'erano sporchi di sangue, sputi e orina. Quindi furono issati e appesi a

testa in giù: alla Petacci fermarono la gonna prima con una spilla da balia e poi usando un cinturone. Non so se queste foto le avete mai viste. Questa è una.

Ma ce ne sono altre, in cui si vede meglio ciò che accadde. O piuttosto: il risultato di ciò che accadde. Si tratta di immagini indescrivibili, che da parte mia non oso riportare. Immagini in cui non è più possibile riconoscere i volti di quei due cadaveri. Le dovreste vedere voi che senza averle mai viste augurate a qualcuno di finire come a piazzale Loreto. Questo comunque il destino toccato loro, oltraggiati così dalla stessa folla che appena pochi anni prima il Duce lo aveva acclamato. Questo il destino toccato a me, piazzale Loreto, da ottant'anni in qua evocato da ogni parte d'Italia anche da chi qui non è stato mai, nonostante oggi dalle mie parti passino in molti, visto che nella stazione qua sot-

to s'incontrano le linee M1 e M2 della metropolitana. Per ciò che mi riguarda, avrei preferito evitare di assistere a tanto orrore. Ma noi, in quanto luoghi, non abbiamo scelta. Siete voi umani a disporre di noi, in tutto e per tutto. A noi tocca subire, vedere ogni cosa, e restare muti.

Già. Ma la tua morte, Sergio, non è soltanto figlia di quanto accadde in quegli anni di guerra civile a piazzale Loreto. A dare il via agli anni che poi sarebbero passati alla Storia come quelli di piombo – o della strategia degli opposti estremismi, o ancora della tensione – fu una bomba. Anzi: *la* bomba. Non fu la sola a essere piazzata in un luogo pubblico in quel 1969: ve ne furono anche altre, che tuttavia non

esplosero. Lei invece sì, e la sua detonazione non si limitò a fare le diciassette vittime e gli ottantotto feriti conteggiati quel giorno: l'esplosione fu tanto forte da provocare un'onda d'urto capace di riverberarsi lungo tutti gli anni Settanta, e oltre.

Piazza Fontana, il 12 dicembre 1969. Sul calendario di quell'anno, un giorno come un altro. In realtà, una data destinata a fare davvero da spartiacque nella storia repubblicana. Si era non a caso all'indomani del famoso autunno caldo: stagione di grandi mobilitazioni operaie seguite alle rivolte studentesche del Sessantotto, che tra scioperi e occupazioni portò poi nel maggio del 1970 all'approvazione dello Statuto dei Lavoratori. Io avevo appena quattro anni.

Se scavo nella mia memoria, di quel 1969 ricordo distintamente la morte della nonna Giuseppina, che ogni volta mi accoglieva facendomi grandi feste e diceva a mia madre, in dialetto piemontese: «Ma dove l'hai preso, un bambino bello così?». E poi, lo sbarco sulla Luna, raccontato alla tv da Tito Stagno. E però ricordo anche un telegiornale della sera, immagini in bianco e nero, la voce del conduttore, lo sgomento muto dei miei genitori. Come Walter, anche tu Sergio avevi tredici anni quando quei sette chili di tritolo esplosero nel pomeriggio di un venerdì come tanti in quella filiale della Banca Nazionale dell'Agricoltura. Quante volte entrambi doveste sentirne parlare, lui a Sesto San Giovanni e tu a Milano, a casa come a scuola. Quante volte anche noi che non eravamo ancora adolescenti all'epoca ma appena bambini e non stavamo da quelle parti la sentimmo nominare. Piazza Fontana. Un luogo diventato sinonimo. Sinonimo di strage. Roba che quando prendo il tram numero 24 in via Ripamonti oppure in Crocetta e in testa al mezzo leggo l'indicazione del capolinea, che recita PIAZZA FONTANA, anche se è passato più di mezzo secolo non posso fare a meno di pensare alla strage. Sto andando a piazza Fontana, mi dico. E subito una voce dentro di me aggiunge: stai andando alla Strage. Lei, piazza Fontana, proprio come piazzale Loreto fin qui non ha mai parlato. Forse allora è il momento di ascoltarla. Perché anche lei deve avere qualcosa da raccontare, e perché bene o male anche questo qualcosa ha a che vedere con la fine che cinque anni dopo Piazza Fontana, cioè dopo la Strage, sarebbe toccata a te, Sergio.

4

Il mio nome è piazza Fontana. Mi hanno chiamata in questo modo perché lì dov'è il mio ombelico è stata messa una fontana di granito rosa di Baveno, realizzata da Giuseppe Piermarini e Giuseppe Franchi. Fu il Piermarini a volermi piazza e a battezzarmi così, a fine Settecento, proprio davanti all'Arcivescovado. A un certo punto, era il 1807, mi ribattezzarono piazza del Tagliamento, per celebrare l'annessione del Veneto al Regno Italico. Poi però, cambiato regno, mi hanno ridato il nome precedente. Non sono una piazza fortunata. Nel mese di agosto dell'anno 1943 gli edifici che mi davano forma con i loro volumi e le rispettive facciate vennero quasi interamente distrutti da un bombardamento degli Alleati. Ricordo perfettamente le sirene dell'allarme, la corsa delle persone che fuggivano dalle case e dagli uffici in cerca dei rifugi, le scie luminose dei riflettori della contraerea tedesca, il rombo degli aerei, e poi le prime esplosioni in cielo, lontane, e quelle a terra, sempre più vicine. Ricordo il suolo che tremava e il tremore dei civili e le grida degli adulti e i pianti dei bambini e il rumore dei vetri che a causa degli spostamenti d'aria andavano in frantumi, e poi l'impatto e lo scoppio delle bombe dirompenti, e gli edifici che crollavano, s'incendiavano, sollevando tonnellate di detriti e cirri di polvere e miriadi di oggetti che come d'incanto si disintegrava-

no, frammenti di sedie e scrivanie e tavoli e giochi e bambole e cucine e tavoli e sedie e letti e armadi e vasche da bagno e tappeti e tende, intere esistenze distrutte, interi quartieri in fiamme, e poi, spenta l'eco delle ultime esplosioni, allontanatosi il rombo degli aerei, il ritorno in superfice dei superstiti, e ancora i pianti e le urla tra le macerie, e gli esseri umani ridotti a vagare come ombre nel fumo prodotto dagli incendi, e l'arrivo dei primi sciacalli e poi dei soccorsi, pompieri e poliziotti, e le grida altissime degli orfani. Macerie, macerie, macerie ovunque: cumuli e cumuli di mattoni e marmi e calcinacci. Tra i pochi edifici intatti, l'Arcivescovado. Fu lì, mesi dopo, che vidi arrivare il Duce con la sua scorta. Era il 25 aprile 1945. Dentro il palazzo vescovile restò tre ore. Poi se ne andò, livido in volto. A Milano, dove tutto era iniziato nel 1919 in piazza San Sepolcro, tutto sarebbe finito di lì a pochi giorni in piazzale Loreto. Vennero quindi il dopoguerra e la ricostruzione. Al posto dei vecchi edifici distrutti, se ne costruirono di nuovi. Tra cui quello dove un giorno venne aperta una filiale della Banca Nazionale dell'Agricoltura. Ogni venerdì, presso quella filiale, si teneva il mercato agricolo. E fu lì che venerdì 12 dicembre 1969, per la prima volta dopo la fine della guerra, scoppiò un'altra bomba. Le vittime le conoscevo tutte, perché tutte frequentavano da sempre il mercato agricolo. Ogni anno, un numero variabile di milanesi si dà appuntamento qui per ricordarle. Alcuni di loro all'epoca della strage erano bambini, adolescenti o giovani; altri non erano ancora nati. Non so chi ricordi chi erano le vittime, al di là del loro numero. Voi? Scommetto di no. Se io mio malgrado sono diventata un simbolo, loro sono diventate per l'appunto un numero: le diciassette vittime della strage di piazza Fontana. Più una.

Ma chi erano quelle prime diciassette vittime più una? Tu Sergio di certo all'epoca dei fatti ne leggesti i nomi sui giornali. La piazza le conosceva tutte, e se le ricorda ancora. Non è raro che le pietre abbiano più memoria degli uomini.

Carlo Garavaglia, di anni sessantasette, vedovo, nonno di Elisabetta di anni quattro, veniva spesso in piazza nei giorni di mercato per guadagnarsi qualcosa come mediatore dopo aver fatto per una vita il macellaio. Di solito conduceva i suoi affari in un bar: quel giorno, invece, decise di entrare in banca.

Gerolamo Papetti, di anni settantanove, sopravvissuto alla disfatta di Caporetto, nominato cavaliere di Vittorio Veneto, vedovo della moglie Elena morta di dolore in seguito alla perdita del figlio Ottorino per via della fame, del freddo e delle sofferenze patite nel gulag sovietico dov'era stato deportato come prigioniero di guerra. Agricoltore ancora attivo nonostante l'età, al mercato veniva molto di frequente: in banca, quel giorno, entrò con il figlio Giocondo. Questi si salvò, Gerolamo invece perì dopo una lunga agonia.

Mario Pasi, di anni cinquanta, ex ufficiale di cavalleria che aveva combattuto nella Seconda guerra mondiale, poi amministratore di stabili e terreni agricoli in virtù del suo diploma di geometra, residente in via Mercalli, innamoratissimo della bella moglie Nives.

Giulio China, di anni cinquantasette, da Novara, sovrintendente della Cascina Amoroso in Bicocca, operatore agricolo assai stimato, che quasi ogni venerdì frequentava il mercato. Quel giorno doveva trattare la compravendita di alcuni bovini e si era recato in banca alla ricerca di colui con cui doveva concludere l'affare. Prima di morire, sussurrò al prete che si era chinato su di lui i nomi della moglie e delle due figlie.

Eugenio Corsini, di anni settantuno, decorato con l'Ordine di Vittorio Veneto per il servizio prestato durante la Prima guerra mondiale, residente in via Procopio con la moglie Carla e un figlio, rappresentante di lubrificanti per macchine agricole, veniva al mercato ogni venerdì.

Carlo Gaiani, di anni cinquantasette, perito agrario, residente in via Salesina, coltivatore di un podere in affitto nei pressi del parco Forlanini, sposato con Virginia e con un figlio, Giovanni: in seguito all'apertura del nuovo aeroporto di Linate gli affari purtroppo gli andavano male, ed era venuto al mercato per vendere le sue ultime quattordici vacche e liquidare la sua piccola azienda.

Carlo Perego, di anni settantaquattro, residente a Usmate Velate dove presiedeva da reduce della Prima guerra mondiale la sezione di ex combattenti del suo paese, assicuratore in un'agenzia specializzata nella stipulazione di polizze a favore di coltivatori. Quella mattina suo figlio Carlo aveva insistito per venire in banca al posto suo, ma lui non ne aveva voluto sapere: il mercato del venerdì gli piaceva, era l'occasione di incontrare sempre vecchi amici e nuovi clienti.

Oreste Sangalli, di anni quarantanove, residente in via Merula, sopravvissuto alla guerra combattuta sul fronte greco e dopo l'8 Settembre alla prigionia in Germania, responsabile della gestione dell'azienda agricola Ronchetto nei dintorni di Corsico creata con l'amico Luigi Meloni, a cui quel giorno diede un passaggio in auto per recarsi in banca.

Luigi Meloni, di anni cinquantasette, residente a Corsico, già agricoltore e poi commerciante di bestiame, al mercato non mancava mai. Stimatissimo da chiunque lo conoscesse, era solito concludere i suoi affari con una semplice stretta di mano: così usava all'epoca tra le persone perbene. Sposato con un figlio, era molto amico di Oreste Sangalli.

Pietro Dendena, di anni quarantacinque, residente a Lodi, ex deportato nel lager di Hildesheim, dove nei lunghi mesi di prigionia aveva sviluppato un odio profondo per ogni tipo di violenza: per questo motivo rimproverava aspramente chiunque si azzardasse in sua presenza a maltrattare gli animali. Sposato con due figli, era commerciante di bovini e ogni venerdì veniva al mercato. Venne riconosciuto dal primogenito Paolo solo grazie all'abito principe di Galles.

Carlo Silva, di anni settantuno, internato in Germania dopo la rotta di Caporetto, dopo essere stato fatto prigioniero durante la Prima guerra mondiale. Già rappresentante di commercio, anche lui venditore di lubrificanti per macchine agricole, sposa-

to con Olga e padre di due figli, Paolo e Giorgio, a cui aggrottando la fronte rimproverava le volte in cui sbriciolavano troppo il pane che la moglie aveva messo in tavola e che a lui era tanto mancato nel corso della prigionia. Ormai pensionato, il venerdì andava ancora in banca per rivedere gli amici.

Paolo Gerli, di anni settantasette, responsabile di un'azienda agricola di San Donato Milanese ormai in pensione, proprietario di diversi appezzamenti, sposato e padre di tre figlie, gestiva in proprio la vendita dei prodotti delle sue terre. Quando la moglie Angela seppe della sua morte, ebbe un collasso.

Giovanni Arnoldi, di anni quarantadue, residente a Magherno, dove era riuscito a dare vita al suo sogno, aprendo il cinema del paese: salvo poi assistere a un'emorragia di spettatori e alla conseguente riduzione degli incassi con l'arrivo della televisione. Cosa che lo aveva costretto, sposato con due figli, a integrare le entrate reinventandosi come commerciante di vitelli. Quel venerdì non si sentiva troppo bene, e un conoscente incontrato nei pressi della fontana lo invitò a prendere un caffè. Lui lo ringraziò, ma preferì entrare in banca.

Attilio Valè, di anni cinquantadue, residente a Mairano di Noviglio, proprietario di un piccolo macello e di una macelleria, separato ormai da otto anni dalla moglie e per questa ragione tornato a vivere con il padre e con le sorelle Artura e Lucia. Quel venerdì aveva deciso di andare al mercato per acquistare del bestiame: l'esplosione lo uccise sul colpo.

Calogero Galatiolo, di anni settantuno, originario di Canicattì, emigrato a Milano nel 1919, aveva indossato la divisa da bersagliere durante la campagna di Libia. Quel giorno sarebbe dovuto andare dal medico, ma visto che nello studio di questi c'era la coda decise di passare in banca a versare alcuni assegni. Colpito alla schiena da una scheggia, venne portato via in ambulanza ma morì in seguito alla ferita il 3 gennaio 1970.

Angelo Scaglia, di anni sessantuno, originario del bresciano e agricoltore ad Abbiategrasso dopo che i suoi terreni gli erano stati espropriati perché su di essi passava il tracciato dell'auto-

strada. Padre di undici figli, nonno di ventidue nipoti, morì dopo una lunga agonia il giorno di Natale.

Vittorio Mocchi, di anni trentatré, agricoltore, era venuto in centro nel giorno di mercato allo scopo di comprare due trattori e dei concimi con suo fratello Raffaele. Questi, ferito gravemente, morì dopo quattordici anni di sofferenze. La famiglia Mocchi fu costretta a vendere l'azienda agricola a causa della scomparsa di Vittorio e delle condizioni in cui si ritrovò Raffaele.

E con Vittorio Mocchi, siamo arrivati a diciassette vittime. Più una. Più le altre che seguirono negli anni successivi alla strage di piazza Fontana: 351 morti e 768 feriti. Tra cui come detto te, Sergio. Ma prima di tornare alla tua morte, soffermiamoci su quel "più una". Non si tratta di una morte successiva all'esplosione perché dovuta alle ferite riportate. È una morte le cui circostanze non sono mai state del tutto chiarite. Una morte che è a sua volta all'origine di centinaia di morti successive, perché come e più delle altre diciassette – come e più di quelle causate *direttamente* da quella bomba – spingerà tanti giovani a non avere più alcuna fiducia nello Stato e nelle sue istituzioni.

5

Ecco dunque in questo libro dedicato a te, Sergio, una necessaria deviazione. C'era in quegli anni a Milano un'altra persona che come te e come Walter vide incrociare la sua strada con la Storia. Stava da un'altra parte ancora rispetto a voi. Questa persona si chiamava Giuseppe Pinelli. Di anni quarantuno, anarchico, pacifista, ferroviere, era padre di due bambine, Claudia e Silvia. Durante la guerra aveva ricoperto il ruolo di staffetta nella Brigata Autonoma Partigiana Franco. Dopodiché, era diventato uno dei principali animatori del circolo anarchico Ponte della Ghisolfa. Giuseppe Pinelli era un appassionato lettore. Adorava la moglie Licia e le figlie.

Il 12 dicembre 1969 si trovava a bordo del suo motorino in via Scaldasole quando s'imbatté nel commissario Luigi Calabresi, che a capo dell'ufficio politico della questura milanese lo conosceva bene. Il commissario invitò il ferroviere a seguirlo in via Fatebenefratelli. Giuseppe Pinelli vi si recò senza sapere che non avrebbe più fatto ritorno a casa.

Trattenuto ben oltre le quarantotto ore consentite dal fermo di polizia perché accusato di essere l'autore dell'attentato, precipitò nella notte tra il 15 e il 16 dicembre 1969 da una finestra al quarto piano della questura, dove da due giorni e due notti era sottoposto a interrogatori senza poter né dormire né consumare un pasto caldo. La finestra era quella dell'ufficio del commissario, che però, stando agli inquirenti, risultò non essere presente al momento del fatto. Quando il Pinelli era precipitato – secondo le successive perizie "a piombo", dunque non dopo essersi dato uno slancio e senza nemmeno cercare di proteggersi durante la caduta – nessuno dei poliziotti era sceso in cortile a verificarne le condizioni: il solo ad accorrere era stato l'unico carabiniere presente. Un agente era poi stato fatto salire sull'ambulanza che trasportava l'anarchico in ospedale ed era entrato perfino in sala operatoria.

Sta di fatto che sulle circostanze della morte di Giuseppe Pinelli circolarono da subito versioni contrastanti, date proprio dalla questura. E probabilmente all'epoca te ne dovesti accorgere anche tu, Sergio, perché ne scrissero tutti i giornali, e se ne parlò per anni in innumerevoli famiglie italiane. Quante volte sentii Walter e sua madre, la zia Ada, ricordare la morte di Pinelli... Perdonami dunque Sergio se mi soffermo per un momento su quest'altra vittima della strage di piazza Fontana: perché il fiume di sangue che da lì in poi scorse in Italia, facendo tutte quelle morti, tra cui la tua, iniziò a sgorgare proprio da qui.

All'epoca nessuno sapeva che nei locali della questura, oltre al commissario aggiunto Calabresi e ai suoi uomini – gli agenti di pubblica sicurezza Vito Panessa, Carlo Mainardi e Pietro Muccilli, più il tenente dei carabinieri Savino Lo Grano – erano presenti almeno nove agenti segreti, appartenenti alla Squadra 54 dell'ufficio affari riservati. Lo si è scoperto grazie a un verbale rinvenuto solo pochi anni fa nell'Archivio di Stato, come riportato da Giacomo Pacini nel suo *La spia intoccabile*, pubblicato da Einaudi nel 2021. L'ufficio affari riservati era diretto da Federico Umberto D'Amato: figlio di un questore, era entrato in polizia durante la guerra e dopo l'8 Settembre era stato arruolato in qualità di agente del controspionaggio dagli americani dell'OSS (Office of Strategic Services). Dopo il 1945 era stato assegnato all'ufficio politico della questura di Roma, diventandone dirigente negli anni Cinquanta per poi passare alla Segreteria Speciale del Patto Atlantico, anello di congiunzione tra l'Italia, gli Stati Uniti e la NATO. Il passaggio all'ufficio affari riservati era avvenuto nel 1959. E sotto la sua direzione il comando della Squadra 54 era stato affidato a Silvano Russomanno. Nato a Reggio Calabria il 22 gennaio 1924, questi era entrato nel maggio 1943 in un reggimento di fanteria di stanza a Perugia. Dopo l'8 Settembre aveva fatto una scelta opposta rispetto a quella del suo futuro superiore, aderendo alla Repubblica Sociale Italiana e arruolandosi volontario in un reparto antiaereo della Wehrmacht – la Flak – impegnato in Cecoslovacchia e in Russia tra il maggio 1943 e il luglio 1944. Nel 1945 era rientrato in Italia e dopo la fine delle ostilità era stato internato fino al mese di ottobre nel campo di concentramento di Coltano presso Pisa, lì dove in una gabbia era imprigionato il poeta americano Ezra Pound, colpevole di avere aderito al fascismo. Nel 1948 si era laureato presso l'Università di Bologna e negli anni Cinquanta era entrato in polizia, dirigendo da principio il commissariato di Bressanone per poi venire chiamato alla divisione affari riservati a Roma, da dove si era occupato del contrasto al terrorismo altoatesino intrattenendo rapporti con i corrispondenti uffici delle polizie austriaca e tedesca. In un articolo pubblicato dal quotidiano "il Giornale" il 21 giugno 2022, a firma di Marcello Altamura e Gianluca Zanella, si ipotizza che proprio ricoprendo tale incarico Russomanno fosse entrato in contatto con esponenti dell'eversione neofascista nel Triveneto, e che la serie di attentati compiuti dagli irredentisti sudtirolesi a partire dall'inizio degli anni Sessanta e volti a colpire le infrastrutture chiave di quel territorio sia stata una sorta di laboratorio utile a pianificare quanto sarebbe avvenuto in seguito nel resto del Paese.

Ma torniamo a quei giorni di dicembre del 1969. La Squadra 54 era stata inviata espressamente da Roma con il preciso incarico di depistare le indagini sulla strage di piazza Fontana, addossando la responsabilità dell'attentato agli anarchici. Si era già attivata in questo senso per gli attentati del 25 aprile di quell'anno, che non avevano fatto morti alla Stazione Centrale ma venti feriti presso il padiglione Fiat alla Fiera Campionaria e che sono ormai considerati come la prova generale in vista di Piazza Fontana: attentati di cui erano stati accusati quindici militanti della sinistra extraparlamentare, arrestati dagli uomini dell'ufficio politico della questura milanese e rimasti in prigione per sette mesi prima di venire scarcerati per insufficienza di indizi. Fu il questore di Milano Marcello Guida, diretto superiore del responsabile dell'ufficio politico Antonino Allegra e del commissario aggiunto Luigi Calabresi, nonché ex questore di Torino durante la repressione della rivolta degli operai Fiat in corso Traiano ed ex direttore della colonia di confino di Ventotene sotto il fascismo, a fornire una prima versione sulla morte di Pinelli.

Venne riportata dal "Corriere della Sera" il 16 dicembre 1969: "'I suoi alibi erano tutti caduti ed era fortemente indiziato' ha dichiarato subito il questore di Milano dottor Marcello Guida. Il questore ha aggiunto: 'Aveva presentato un alibi per venerdì pomeriggio ma questo alibi era caduto completamente. Nell'ultimo interrogatorio il funzionario dottor Calabresi aveva allora momentaneamente sospeso l'interrogatorio per andare a riferire al capo dell'ufficio politico dottor Allegra. Col Pinelli erano rimasti nella stanza tre sottufficiali di polizia e un ufficiale dei carabinieri che assistevano all'interrogatorio. Improvvisamente' ha proseguito il dottor Guida 'il Pinelli ha compiuto un balzo felino verso la finestra che per il caldo era stata lasciata socchiusa e si è lanciato nel vuoto'".

Tra i giornalisti accorsi in questura quella notte, c'erano Camilla Cederna, Gianpaolo Pansa e Corrado Stajano. Che in un testo intitolato *Senza un moto di amarezza* (pubblicato sul numero 241 della rivista anarchica "A", del dicembre 1997 – gennaio 1998), scrisse poi: "Quando arrivammo in questura erano quasi le due di quella notte difficile da dimenticare. Il questore Marcello Guida ci comunicò quasi subito che avrebbe tenuto una conferenza stampa. Con lui, nello studio protetto da tendaggi, adornato di quadri ottocenteschi, c'erano il capo di gabinetto Palumbo, il capo dell'ufficio politico Antonio Allegra e il commissario Calabresi. I giornalisti erano cinque: noi tre, Renata Bottarelli, dell''Unità', e un quinto uomo di cui ho perso memoria. Il Pinelli, disse il questore, era il responsabile del Circolo Ponte della Ghisolfa. Gravemente indiziato di concorso in strage aveva gli alibi caduti. Un funzionario gli aveva rivolto contestazioni e lui era sbiancato in volto. Il dottor Calabresi aveva allora momentaneamente sospeso l'interrogatorio per andare a riferire ai superiori. Nella stanza si stava parlando d'altro, una pausa, quando il Pinelli ebbe uno scatto improvviso, si gettò verso la finestra socchiusa perché il locale era pieno di fumo, e si slanciò nel vuoto. Il suicidio, aggiunse, era una evidente autoaccusa. Ci fu un momento di silenzio, poi qualcuno chiese chi era Pinelli. Rispose Calabresi: 'Sembrava un uomo incapace di ricorrere ad atti di violenza, un uomo tranquillo, ma i suoi rapporti, le sue implicazioni politiche dovevano rivelare il contrario'. Chiesi io quale era l'ultima domanda fatta a Pinelli, quali le ultime cose dette e se esistevano i verbali degli interrogatori. Nessuno rispose, ma senza mostrare imbarazzo. Ripetei la domanda, il questore disse soltanto che l'interrogatorio non comprometteva altre persone. Domandai se il fermo dopo le 48 ore era stato convalidato dalla magistratura. Il questore rispose di sì, poi seguitò a parlare dell'alibi caduto, disse che Pinelli era sospettato per gli attentati del 25 aprile a Milano e sui treni in agosto, parlò del movimento anarchico, della Gioventù libertaria di via Scaldasole, del circolo Ponte della Ghisolfa, dei gruppi romani che avevano altre etichette. Erano più delle tre della notte quando uscimmo dalla questura. Ricordo bene quel che provavo. Avevo l'impressione di avere assistito, in quella stanza del questore, a una scena di teatro, senza un moto di amarezza o di dolore per la morte di un uomo".

Dopo la prima versione della morte di Pinelli, data quella notte stessa e riportata dai quotidiani il giorno dopo, quando a venire arrestato fu l'altro anarchico Pietro Valpreda, da subito indicato a sua volta come colpevole e definito dal "Corriere della Sera" "il mostro", ne seguirono altre. Tra queste, quella secondo cui uno dei poliziotti presenti al momento dell'interrogatorio, il brigadiere Vito Panessa, aveva fatto un balzo nel tentativo di afferrare e fermare il suicida, salvo ritrovarsi con una scarpa di questi in mano. Ma secondo le testimonianze di un giornalista presente nel cortile della questura al momento della caduta di Pinelli – Aldo Palumbo, della redazione milanese dell'"Unità" – questi aveva ai piedi entrambe le scarpe. Come riportato dalla Cederna nel suo libro intitolato *Pinelli. Una finestra sulla strage*, dopo che l'alibi dell'anarchico risultò assolutamente valido, l'11 gennaio 1970 il commissario aggiunto Luigi Calabresi disse al quotidiano "l'Unità": "Pinelli era innocente, un bravo ragazzo, nessuno di noi riesce a spiegarsi il suo gesto. Fummo sorpresi, proprio perché non ritenevamo che la sua posizione fosse grave. Pinelli per noi continuava a essere una brava persona, probabilmente il giorno dopo sarebbe tornato a casa".

Così, infine venne accreditata la versione dell'incidente. Pinelli si era sentito male ed era caduto giù dalla finestra. Ad avvalorare questa tesi, la magistratura: prima con il giudice Caizzi, che in quel 1970 emise una sentenza secondo cui la morte di Pinelli era stata accidentale, e poi con la sentenza definitiva del giudice Gerardo D'Ambrosio, secondo cui Pinelli, sentendosi male, anziché accasciarsi a terra si era buttato dalla finestra: "Pinelli accende la sigaretta che gli offre Mainardi. L'aria della stanza è greve, insopportabile. Apre il balcone, si avvicina alla ringhiera per respirare una boccata d'aria fresca, una improvvisa vertigine, un atto di difesa in direzione sbagliata, il corpo ruota sulla ringhiera e precipita nel vuoto. Tutti gli elementi raccolti depongono per questa ipotesi". Fu tale ricostruzione da parte del D'Ambrosio a passare alla Storia come quella del cosiddetto "malore attivo", anche se D'Ambrosio non ha mai utilizzato questa espressione.

A ogni modo, fu proprio questo susseguirsi di versioni contraddittorie ad alimentare la sfiducia di molti nei confronti delle istituzioni democratiche. Una sfiducia che, per chi aveva memoria, aveva del resto radici profonde. Risaliva alla prima strage della storia repubblicana: quella del 1° maggio 1947 a Portella della Ginestra, con la successiva uccisione del bandito Salvatore Giuliano e la morte per avvelenamento in carcere del suo complice Gaspare Pisciotta. In quei giorni a cavallo tra la fine dei già favolosi anni Sessanta e i presto sanguinosi anni Settanta i più sfiduciati, comunque, furono i giovani. Perché i giovani, tu Sergio lo sai bene, sono spesso idealisti. In quanto giovani, non hanno ancora avuto modo di constatare, come invece è per gli adulti, la distanza siderale tra i loro slanci ideali talvolta ingenui e la realtà.

Sulla fine di Pinelli seguirono nel corso degli anni altre versioni. Ve ne fu una delle BR, un'altra di Bettino Craxi, un'altra ancora, più recente, dell'allora ex vicedirettore del SID, il generale Gianadelio Maletti. C'è anche chi in ambienti anarchici ipotizza che in realtà Pinelli non precipitò dal quarto piano, ovvero dalla finestra dell'ufficio di Calabresi, ma dal terzo, dove forse si trovavano gli uomini della squadra di Russomanno, su cui la magistratura non ha mai indagato. E arriva a supporre che Calabresi fu in realtà il capro espiatorio di quella morte provocata da altri.

Resta che, alla luce di quanto appreso successivamente, non sapremo mai con certezza che cosa accadde davvero quella notte nella questura di Milano.

Ma torniamo al clima dei pochi anni che precedettero il tuo omicidio. Fu come abbiamo visto la serie di versioni in contrasto tra loro date in merito alla morte di Giuseppe Pinelli dalla questura milanese a far sì che in molti si ingenerasse la convinzione che la verità era un'altra. E che il responsabile della morte di Pinelli fosse il commissario Calabresi. Contro quest'ultimo, lo ricorderai perché avevi sedici anni e da due ormai frequentavi il Molinari, si scatenò così una vera e propria violentissima campagna stampa, innanzitutto a opera della testata "Lotta Continua", nella quale il commissario venne accusato di avere ucciso Pinelli con un colpo di karate, di essere uomo della CIA e di fare da tramite tra gli americani e i servizi segreti militari italiani. Scrive la Treccani: "Calabresi non arrivò subito alla scelta di denunciare il settimanale, perché si aspettava che fosse il ministero dell'Interno a farsi carico della sua difesa e a presentare la querela, mentre in realtà fu lo stesso ministero a esercitare pressioni su Calabresi perché denunciasse 'Lotta Continua', nonostante il parere contrario della magistratura milanese. Questa situazione generò tensioni tra Calabresi, Allegra e il ministero (Archivio di Stato di Milano, *Atti Strage Brescia, H-a, Consulenze Giannuli*: Relazione tecnica alla Procura della Repubblica di Brescia, incarico 30 aprile 1998) e portò poi all'isolamento del commissario nella gestione del processo". Ma non solo. Dario Fo scrisse e interpretò la commedia *Morte accidentale di un anarchico*, nella quale compariva il commissario Sportivo, detto anche commissario Cavalcioni o commissario Finestra. Per tre settimane consecutive, a partire dal 13 giugno 1971, il settimanale "L'Espresso" pubblicò questa lettera aperta:

"Il processo che doveva far luce sulla morte di Giuseppe Pinelli si è arrestato davanti alla bara del ferroviere ucciso senza colpa. Chi porta la responsabilità della sua fine, Luigi Calabresi, ha trovato nella legge la possibilità di ricusare il suo giudice. Chi doveva celebrare il giudizio, Carlo Biotti, lo ha inquinato con i meschini calcoli di un carrierismo senile. Chi aveva indossato la toga del patrocinio legale, Michele Lerner, vi ha nascosto trame di una odiosa coercizione. Oggi come ieri – quando denunciammo apertamente l'arbitrio calunnioso di un questore, Michele Guida, e l'indegna copertura concessagli dalla Procura della Repubblica, nelle persone di Giovanni Caizzi e Carlo Amati – il nostro sdegno è di chi sente spegnersi la fiducia in una giustizia che non è più tale quando non può riconoscersi in essa la coscienza dei cittadini. Per questo, per non rinunciare a tale fiducia senza la quale morrebbe ogni possibilità di convivenza civile, noi formuliamo a nostra volta un atto di ricusazione. Una ricusazione di coscienza – che non ha minor legittimità di quella di diritto – rivolta ai commissari torturatori, ai magistrati persecutori, ai giudici indegni. Noi chiediamo l'allontanamento dai loro uffici di coloro che abbiamo nominato, in quanto ricusiamo di riconoscere in loro qualsiasi rappresentanza della legge, dello Stato, dei cittadini."

Il testo conteneva un refuso: il questore di Milano si chiamava come abbiamo visto Marcello, non Michele. Sia come sia: l'elenco dei 757 firmatari comprendeva, tra gli altri, i nomi di Giorgio Amendola, Giulio Carlo Argan, Gae Aulenti, Nanni Balestrini, Franco Basaglia, Marco Bellocchio, Piergiorgio Bellocchio, Giorgio Benvenuto, Bernardo Bertolucci, Laura Betti, Alberto Bevilacqua, Luciano Bianciardi, Norberto Bobbio, Pierre Carniti, Liliana Cavani, Camilla Cederna, Carla Cerati, Roberto Cerati, Lucio Colletti, Furio Colombo, Luigi Comencini, Tullio De Mauro, Gillo Dorfles, Umberto Eco, Marisa Fabbri, Federico Fellini, Inge Feltrinelli, Ernesto Ferrero, Dario Fo, Luciano Foà, Franco Fortini, Natalia Ginzburg, Giovanni Giudici, Ugo Gregoretti, Renato Guttuso, Margherita Hack, Oliviero La Stella, Vito Laterza, Carlo Levi, Primo Levi, Carlo Lizzani, Nanni Loy, Dacia Maraini, Giovanni Mariotti, Francesco Maselli, Paolo Mieli, Giuliano Montaldo, Maria Monti, Alberto Moravia, Cesare Musatti, Toni Negri, Grazia Neri, Luigi Nono, Enzo Paci, Giancarlo Pajetta, Ferruccio Parri, Elio Petri, Paola Pitagora, Fernanda Pivano, Giò Pomodoro, Gillo Pontecorvo, Franco Quadri, Folco Quilici, Giovanni Raboni, Franca Rame, Angelo Maria Ripellino, Lalla Romano, Carlo Rossella, Marisa Rusconi, Carlo Salinari, Natalino Sapegno, Sergio Saviane, Eugenio Scalfari, Toti Scialoja, Enzo Siciliano, Mario Soldati, Pasquale Squitieri, Paolo Taviani, Vittorio Taviani, Tiziano Terzani, Bruno Trentin, Carlo Augusto Viano, Lucio Villari, Cesare Zavattini, Bruno Zevi.

C'è chi, a distanza di molto tempo, ha chiesto scusa per aver apposto la sua firma. Altri sostengono di non ricordare di averla messa.

L'esito di tutto ciò è noto: il 17 maggio 1972, alle ore 9.15, mentre si recava al lavoro il commissario Luigi Calabresi venne assassinato in via Francesco Cherubini, anche lui a pochi passi da casa, da due sicari che gli spararono alle spalle mentre si avviava alla sua auto, una Fiat 500. Calabresi lasciò la moglie Gemma Capra, incinta, e due figli, Mario e Paolo. Eccola, la diciannovesima vittima della strage di piazza Fontana.

Il quotidiano "Lotta Continua" uscì in edicola così:

GIOVEDÌ 18 MAGGIO 1972

LOTTA CONTINUA

Lire 50

Ucciso Calabresi, il maggior responsabile dell'assassinio di Pinelli

La posizione di Lotta Continua

Ora: chi voglia approfondire la vicenda di quest'omicidio, per il quale vennero poi condannati, a distanza di molti anni, in seguito al pentimento di Leonardo Marino proprio quest'ultimo e Ovidio Bompressi in veste di esecutori, e Giorgio Pietrostefani e Adriano Sofri quali mandanti, può fare riferimento a una quantità di materiale, a partire naturalmente dal libro scritto dal figlio Mario. Riguardo a questi fatti, il regista Marco Tullio Giordana girò un film uscito nel 2012, *Romanzo di una strage*. Nella pellicola si vede Pinelli regalare l'*Antologia di Spoon River* di Edgar Lee Masters tradotta da Fernanda Pivano a Calabresi in risposta al dono di Calabresi del Natale precedente, quello del 1968, in cui il commissario aveva regalato all'anarchico *Mille milioni di uomini* di Enrico Emanuelli. Incredibile, no? Sia come sia, alla pari di Giuseppe Pinelli anche Luigi Calabresi è una tra le tante, troppe vittime del riverbero dell'esplosione di quella bomba nel salone della Banca dell'Agricoltura.

A distanza di tanti decenni, non poche domande restano comunque senza risposta. A cominciare da questa: come mai Pinelli cadde a piombo, senza cercare in qualche modo di proteggersi, come dimostrato dall'assenza di escoriazioni sulle sue mani? Gli uomini della Squadra 54 ebbero un ruolo nell'interrogatorio? Se sì, quale? E perché nessuno dei presenti nella stanza al quarto piano della questura scese a controllare le sue condizioni, tranne quell'ufficiale dei carabinieri? Non è singolare che intorno a questa vicenda terribile non si sia ancora sgombrato il campo da tutti questi interrogativi?

Perdona, Sergio, questa non breve digressione. Ma ai miei occhi, come detto, la tua morte e quella di Walter e con le vostre quelle che hanno insanguinato i cosiddetti anni di piombo sono tutte figlie della strage di piazza Fontana e della morte di Giuseppe Pinelli. I giorni che vanno dal 12 al 15 dicembre 1969 segnano una frattura profonda, insanabile. C'è un prima e c'è un dopo. È l'inizio di quella strategia della tensione o degli opposti estremismi che come un buco nero vi inghiottirà.

6

Tu, Sergio, durante l'infanzia e l'adolescenza avevi frequentato la basilica dei Santi Martiri Nereo e Achilleo, edificata tra la fine degli anni Trenta e il 1940 al numero 56 di viale Argonne: la chiesa dov'eri stato battezzato e dove avevi ricevuto il sacramento della Cresima. All'oratorio San Carlo, al numero 15 di piazza San Gerolamo, avevi giocato per anni a pallone con i tuoi amici, gli stessi con cui alle elementari e alle medie avevi scambiato le figurine dei calciatori per completare gli album della Panini: uno Schnellinger in cambio di un Jair, un Rivera per un Mazzola. A quell'età, come tanti tuoi coetanei, avrai sognato di emulare un giorno le gesta in maglia nerazzurra di Facchetti o di Burgnich, o di segnare tanti gol quanti quelli totalizzati da Boninsegna detto Bonimba, lo stesso centravanti dell'Inter di cui Walter un'estate mi aveva raccontato, millantando spudoratamente, di essere diventato amico.

Sudato, stanco ma felice dopo le partite disputate sul campetto dell'oratorio, avrai commentato con i compagni di squadra le azioni e le reti più memorabili, e prima di tornare a casa ti sarai tolto le scarpe con i tacchetti ripensando alla rimonta della tua squadra del cuore nel campionato 1970-71, quello giocato dai reduci dei Mondiali del Messico e della leggendaria semifinale Italia-Germania 4-3, rimonta che era valsa la conquista dell'undicesimo scudetto, primo trofeo dell'era targata Fraizzoli. Da credente, però, non ti eri limitato a frequentare l'oratorio, ma anche la chiesa dov'eri stato battezzato e cresimato. E un giorno, come molti, eri rimasto colpito dalla bellezza della cappella della Madonna di Fatima, dove nella prima metà del Novecento Vanni Rossi aveva affrescato i quindici Misteri del Sacro Rosario. In quel ciclo, il pittore bergamasco aveva raffigurato anche la Seconda guerra mondiale e lo scoppio della prima bomba atomica su Hiroshima. Erano stati anche quegli affreschi, giudicati da molti critici come capolavori dell'arte religiosa, a suscitare il tuo interesse nei confronti del conflitto che in Italia all'indomani dell'8 settembre 1943 si era trasformato in una lotta fratricida combattuta all'insegna del "pietà l'è morta"? Oppure anche tu, come tanti bambini e ragazzini dell'epoca, avevi sentito raccontare la guerra dai tuoi genitori e dai tuoi nonni, e come me eri rimasto colpito dai loro ricordi, e da quelle storie avevi tratto ispirazione per i tuoi giochi, combattendo a tua volta battaglie immaginarie con i soldatini Airfix o Atlantic? Correvi anche tu in edicola a comprare fumetti come *Super Eroica* o *Guerra d'eroi*? Era rimasto impresso anche a te un film intitolato *I giovani leoni*, interpretato da Marlon Brando e Montgomery Clift e trasmesso una sera alla tv? O ti era capitato magari di vedere *La ciociara*, con Sophia Loren, o *Il federale*, con Ugo Tognazzi, o ancora *Tutti a casa*, con Alberto Sordi? Chissà. Sta di fatto che in qualche modo nel tuo immaginario aveva fatto la sua comparsa la Storia. Dopo quell'estate in cui Milano aveva visto i colori nerazzurri prevalere sui rivali rossoneri, ti eri iscritto alle superiori. Eri portato per le materie scientifiche e d'accordo con i tuoi genitori avevi scelto l'Istituto Tecnico Ettore Molinari di via Crescenzago, di fianco al Parco Lambro: quello dove dal 1974 si sarebbe tenuto il Festival del proletariato giovanile, organizzato nei tre anni precedenti dalla rivista "Re Nudo" in piccoli centri della Lombardia per poi approdare a Milano.[4] Da parte tua ti sentivi lontano dai giovani che frequentavano quella sorta di Woodstock italiano, dove convivevano – talvolta non del tutto pacificamente – comunismo, femminismo, nudismo, spaccio e consumo di stupefacenti. In comune con loro, avevi solo l'abitudine di portare i blue jeans, le scarpe da tennis e i capelli lunghi: ti si sarebbe potuto scambiare per uno di quegli epigoni dei Figli dei Fiori o per un ragazzo del Movimento Studentesco, cosa che in effetti avvenne quando di lì a poco per la prima volta mettesti piede in via Mancini nella sede milanese dell'MSI e del Fronte della Gioventù. Tu di tuo probabilmente saresti piuttosto andato a un Campo Hobbit,[5] dove avresti ascoltato non il tuo amato Celentano ma La Compagnia dell'Anello o Gli Amici del Vento: quando però venne organizzato il primo, nel 1977, eri già morto. Fu comunque alle superiori che iniziasti a interessarti davvero di politica. E che un giorno ti facesti coraggio e vincendo la tua timidezza ti decidesti a varcare la soglia della sede dell'MSI di via Mancini per entrare nell'organizzazione giovanile di un partito che sedeva, sì, in Parlamento, ma che in realtà veniva bandito dal cosiddetto arco costituzionale in base alla *conventio ad excludendum*: espressione latina coniata in quegli anni Settanta dal giurista e politico Leopoldo Elia per definire la tacita intesa che legava i partiti tutti nell'escludere gli eredi del Partito Nazionale Fascista e del Partito Fascista Repubblicano da qualsiasi forma di alleanza o collaborazione. Quando arrivasti in via Mancini a bordo del tuo Ciao, regalo dei tuoi genitori per l'esame di terza media, ti accorgesti che la sede dell'MSI era stata protetta dai militanti con cavalli di Frisia e filo spinato. Proprio come se ci fosse la guerra. Che in effetti c'era.

Io sono via Lodovico Mancini. Mi hanno intitolata così in ricordo di uno dei protagonisti delle Cinque Giornate di Milano, poi volontario nella Colonna Manara e tra i difensori eroici della Repubblica Romana. Da me in quegli anni c'era la sede del Movimento Sociale Italiano. Il 2 settembre 1972 una bomba ad alto potenziale la distrusse completamente, danneggiando in modo grave le abitazioni vicine. Il 17 aprile 1975, il giorno dopo l'omicidio di Claudio Varalli in piazza Cavour, migliaia di giovani del Movimento Studentesco, di Lotta Continua e delle altre formazioni extraparlamentari di sinistra cercarono di raggiungere la sede missina allo scopo di metterla a ferro e fuoco. In quel momento nella sede c'erano soltanto due persone: Ignazio La Russa e la segretaria, che anziché darsi alla fuga rimasero sul posto, cosa che comportò da parte della questura la decisione di schierare le forze dell'ordine, mettendo in conto che tra queste vi sarebbero state decine di feriti. Tra i ragazzi che inneggiavano alla Nuova Resistenza c'era anche un diciannovenne di Sesto San Giovanni, di nome faceva Walter Alasia. Gli scontri si svolsero non lontano da me, in corso XXII Marzo, e furono durissimi. Le esalazioni dei lacrimogeni arrivarono fin qui. Quando la Celere li finì, vennero chiamati a dar manforte i carabinieri, e fu uno dei loro mezzi pesanti a uccidere Giannino Zibecchi. In tutto questo Sergio Ramelli, che io avevo visto per la prima volta quando era venuto qui per iscriversi al Fronte della Gioventù, e che avevo rivisto quando era tornato da queste parti in occasione di riunioni di sezione o se c'era da organizzare un volantinaggio o da attaccare dei manifesti, giaceva all'ospedale. Se poco più di tre settimane prima non lo avessero ferito a morte a colpi di chiavi inglesi credo che anche lui sarebbe venuto a difendere la sede dell'MSI. Ma in quei giorni entrava e usciva dal coma e poco dopo, come seppi dalle parole che intercettavo, sarebbe morto. La sede dell'MSI venne poi intitolata a lui e la targa che lo ricorda è ancora lì.

La stessa formula della *conventio ad excludendum* si applicava all'epoca al Partito Comunista Italiano, fino almeno alle elezioni amministrative di quel 1975 in cui fosti ucciso tu e alle politiche dell'anno successivo, in cui fu Walter a uccidere e a venire ucciso: si ricorse allora alla trovata della "non-sfiducia", con cui il PCI sostenne il governo Andreotti III, quello stesso Andreotti poi assolto per prescrizione nel processo che lo avrebbe visto imputato per mafia per i capi d'accusa relativi a reati commessi prima del 1980, tenutosi a Palermo, Perugia e Roma tra il 1993 e il 2004. Poi, si era ormai nel 1977, le Brigate Rosse iniziarono a pianificare il rapimento di Aldo Moro, che assieme a Enrico Berlinguer aveva imboccato la strada del compromesso storico. E nel 1978 lo statista democristiano venne effettivamente rapito e ucciso. Ma tu e Walter eravate già morti: e se lui non avesse voluto abbracciare ancora una volta sua madre Ada prima di entrare definitivamente in clandestinità e non fosse tornato a casa quella sera di dicembre del 1976 senza sapere che il telefono degli Alasia era stato messo sotto controllo dopo che lui aveva dimenticato i suoi occhiali da vista in un appartamento di Pavia individuato dall'antiterrorismo, con ogni probabilità avrebbe fatto parte del commando di via Fani: la direzione strategica delle BR lo voleva nella Capitale perché entrasse a far parte della colonna romana. I lettori a questo punto si chiederanno: ma che c'entra pure Moro, dopo Pinelli, in un libro su Ramelli? Credo di avere già risposto, in parte, a questa domanda. Tu perdonami ancora, Sergio, se ci sto mettendo tanto ad arrivare al racconto del ragazzo che eri e che sarai per sempre, al modo in cui sei stato ucciso e a come il tuo ricordo sia ancora motivo di disturbo per tanti, troppi. Ci arriverò, credimi. Il fatto è che *tout se tient*. Vedrai.

Ma intanto dimmi: c'era forse in te, alla radice della scelta politica che facesti, anche dell'anticonformismo? Se perfino i figli della buona borghesia milanese e di professionisti con lo studio in zona Duomo si proclamavano, come avrebbe poi ironizzato Paolo Villaggio nei panni del ragionier Fantozzi, "a sinistra del Partito Comunista Cinese", il fatto di non seguire quella che in non pochi casi finì per rivelarsi una moda – vedi negli anni Ottanta le carrierine e carrierone di tanti ex estremisti o *soi-disant*, lesti a lasciarsi alle spalle qualsivoglia impeto rivoluzionario per approdare alla direzione di quotidiani già "di regime" o per ereditare lo studio paterno o ancora per ricoprire cariche o ruoli nel settore pubblico di quella Repubblica che avevano proclamato di voler sovvertire, salvo poi cambiare idea e andare in vacanza a Capalbio e dintorni – fu anche il tuo modo di sottrarti alla cosiddetta "egemonia culturale" di gramsciana memoria, di cui tanto si parla oggi? Nel 1962, vale la pena ricordarlo, la casa editrice Adelphi era stata fondata da un ex collaboratore di Einaudi, Luciano Foà – in società con Roberto Olivetti, figlio di Adriano – perché l'editore torinese si rifiutava di pubblicare le opere di Friedrich Nietzsche. Cinque anni più tardi, si era nel 1967, Giangiacomo Feltrinelli aveva invece dato alle stampe il *Libretto rosso* di Mao. Da un punto di vista generazionale, la tua, Sergio, fu senz'altro una scelta minoritaria, controcorrente. E coraggiosa.

Nella Milano di quegli anni Settanta, mentre la maggior parte dei tuoi coetanei gridava nelle piazze fisiche i già citati slogan, quelli che come te si ritrovarono a essere in minoranza senza abbracciare la violenza si rifugiarono nella lettura di Julius Evola, ma non solo. Il pantheon dei ragazzi che stavano nell'organizzazione giovanile dell'MSI o alla sua destra – o, rautianamente, alla sua sinistra – e che come te al contrario di quanto volevano e vogliono le generalizzazioni di comodo non furono né picchiatori né terroristi era quanto mai variegato e, per certi aspetti, sorprendente, specie per gli "antifa" di ieri e di oggi. Che non sapevano e non sanno come accanto al sopracitato autore di *Al di là del bene e del male*, a Léon Degrelle e J.R.R. Tolkien, tra i modelli culturali dei giovani del Fronte della Gioventù ci fossero non solo Ettore Muti e Ernst Jünger, ma anche – udite udite – Ernesto Che Guevara e il generale Giap, e con loro Ezra Pound (per Ernest Hemingway "il miglior fabbro") e Yukio Mishima, Clint Eastwood e Pierre Drieu La Rochelle. Ma l'elenco è piuttosto lungo, e comprende Jean Arthur Rimbaud e Hugo Pratt, Wile E. Coyote e Giovanna d'Arco, Charles Baudelaire e Joseph Conrad, Jack Kerouac e Franco Battiato, oltre naturalmente a Leni Riefenstahl, Louis Ferdinand Céline e Richard Wagner, più innumerevoli altri. I modelli culturali dei giovani del Fronte della Gioventù o gravitanti intorno a questo prescindevano insomma dalla tradizionale iconografia fascista e spaziavano in ogni dove: restano illuminanti in questo senso soprattutto *Fascisti immaginari*, di Luciano Lanna e Filippo Rossi (Vallecchi) e, sempre di Luciano Lanna, *Il fascista libertario* (Sperling & Kupfer). I sempre pronti all'indignazione "antifa" di ieri e di oggi non sapevano e non sanno per esempio che nel 1970, quando tu avevi quattordici anni, Giorgio Pini – fedelissimo del Duce – divenne presidente della Federazione Nazionale Combattenti della RSI e nel discorso di insediamento condannò l'atteggiamento dei fascisti che "sbandano verso la destra conservatrice e autoritaria, totalitaria, in ibrido connubio con i monarchici e con i più retrivi gruppi confessionali", invitando a rigettare "il fanatico occidentalismo di destra pervenuto fino alla servile esaltazione di Nixon, il bombardatore del Vietnam", e condannando "ogni collusione con i regimi militari e liberticidi dei colonnelli greci, del generale Franco, sacrificatore della nobile Falange di José Antonio Primo de Rivera, del regime ottusamente conservatore, classista e colonialista di Lisbona, di quelli razzisti del Sud Africa e della Rhodesia". Sorprendente, no? Eppure. A volte, anziché scatenare il solito cane di Pavlov, basterebbe appunto varcare la soglia di una qualche biblioteca. Ma non usa più: specie oggi che il mondo si divide più che mai in Buoni e Cattivi.

A proposito di questi ultimi: per tornare all'atmosfera e alle tensioni che caratterizzarono gli anni in cui venisti ucciso, Sergio, occorre riportare anche gli slogan scanditi dai neri quando a loro volta scendevano in piazza, cercando di rispondere per le rime a quelli della controparte:

ITALIA COME IL CILE,
LA LOTTA DI CLASSE FINISCE COL FUCILE!
BASTA COI BORDELLI, VOGLIAMO I COLONNELLI!
ANKARA, ATENE, ADESSO ROMA VIENE!
CONTRO IL SISTEMA LA GIOVENTÙ SI SCAGLIA,
BOIA CHI MOLLA È IL GRIDO DI BATTAGLIA!
IL NOSTRO ONORE SI CHIAMA FEDELTÀ,
ORDINE NUOVO VINCERÀ!

In Italia però il golpe militare sull'esempio del Cile o della Grecia, auspicato a destra e temuto a sinistra, non si realizzerà mai, anche se, stando alle sentenze dei processi e agli storici, una parte dell'eversione neofascista si adoperò in questo senso. Ma non ce ne fu bisogno. Sempre il generale Maletti, ascoltato a Johannesburg nel 1997 dalla Commissione Stragi presieduta dal senatore Pellegrino, durante un'audizione contrassegnata da un gran numero di "non ricordo" ebbe comunque l'onestà di affermare: "Queste deviazioni dei Servizi, chiamiamole pure strategia della tensione, indubbiamente ci sono state, ma non ci sarebbero state in un Paese politicamente sano. I Servizi venivano usati per schedare, per – diciamolo pure – ricattare... credo che il potere politico non avesse alcun interesse a giungere a fondo nella effettuazione delle indagini".

Tu Sergio non hai avuto modo di saperlo, ma a un certo punto è stata fatta circolare per mezzo degli organi di informazione la famosa formula secondo cui in Italia avrebbero operato, tra la strage di piazza Fontana e quella di Bologna passando per il caso Moro, i cosiddetti Servizi "deviati" di cui parla il generale Maletti. Che però poi aggiunge come i Servizi venissero "usati". E quindi: deviati o usati? Usati per scatenare la strategia della tensione, o degli opposti estremismi? La strategia di cui anche tu fosti vittima.

Mi soffermo qui un momento a riflettere su quanto poteva accomunarti a Walter, o su ciò che poteva accomunare i ragazzi come te ai ragazzi come lui. Nel vostro caso come in tanti altri, non c'erano in realtà solo la fede calcistica, la moda dei blue jeans e dei capelli lunghi, l'ammirazione per gli indiani d'America. C'erano istanze di giustizia sociale, innanzitutto. La critica al sistema capitalista. L'avversione nei confronti della politica estera americana e del modello di società incarnato dagli USA. Il formarsi di una prima consapevolezza ecologica dopo l'ubriacatura consumista del Boom. La solidarietà con la causa palestinese. Il distacco dalla concezione che della donna avevano le generazioni precedenti. Eppure... "con i fascisti non si parla". A chi ha fatto comodo che coloro i quali avevano vent'anni nel cuore di quel decennio fatale anziché dialogare e confrontarsi si scannassero senza pietà? Non è forse il famoso metodo

"Dividi et impera" quello che il potere adotta da sempre, scientificamente, quando si trova in difficoltà? E che aveva visto il suo battesimo del fuoco poco prima, a Valle Giulia, lì dove i ragazzi e le ragazze di destra e di sinistra avevano iniziato assieme a mettere in discussione i padri, salvo poi ritrovarsi a combattere tra loro e contro i loro coetanei entrati nelle forze dell'ordine.

7

Già, Sergio: è stato progettando di scrivere un libro su di te che mi sono imbattuto nei resoconti stenografici della Commissione Stragi del Parlamento italiano. Nel frattempo logicamente mi ero procurato il libro *Sergio Ramelli. Una storia che fa ancora paura*, scritto da Guido Giraudo con Andrea Arbizzoni, Giovanni Buttini, Francesco Grillo e Paolo Severgnini, e avevo fatto ricerche in biblioteca e online. E online, una sera, sono andato a sbattere – non saprei trovare un'espressione migliore – contro quei resoconti, che ignoravo fosse possibile consultare sulla pagina del Parlamento italiano seppure presentassero prevedibili *omissis*.

Presieduta prima dal senatore Libero Gualtieri e poi dal senatore Giovanni Pellegrino, la "Commissione parlamentare d'inchiesta sul terrorismo in Italia e sulle cause della mancata individuazione dei responsabili delle stragi" (detta più in breve Commissione Stragi) è stata attiva dal 17 maggio 1988 al 29 maggio 2001. Rileggere oggi i suoi atti, quando tra l'altro alcuni dei personaggi principali chiamati a raccontare ciò che sapevano, o ciò che perlomeno intendevano dire, sono morti, a cominciare dal protagonista del mio tema in classe onorevole Giulio Andreotti, è a dir poco disturbante. A mano a mano che si procede nella lettura delle audizioni degli ex brigatisti rossi Valerio Morucci o Adriana Faranda, del fondatore di Avanguardia Nazionale Stefano Delle Chiaie, del già citato generale Gianadelio Maletti, di ex ministri della Repubblica come Arnaldo Forlani, di appartenenti all'arma dei carabinieri come il generale Francesco Delfino, prendendo al contempo atto della mancata audizione di Bettino Craxi – il quale era disposto a essere ascoltato nella sua casa di Hammamet, cosa che complici i nuovi capi d'imputazione che all'epoca di Mani Pulite arrivavano dall'Italia e la mancata collaborazione del governo tunisino non accadde – e del rifiuto di presentarsi al cospetto della Commissione da parte di Mario Moretti o di Romano Prodi – che ancora oggi si ostina a ribadire come durante il sequestro Moro il nome di Gradoli fosse stato rivelato a lui e agli altri partecipanti alla famosa seduta spiritica bolognese dal fantasma di don Luigi Sturzo – si precipita letteralmente dentro un buco nero. Il *buco nero* di quegli anni: uso questa metafora perché quando ci si imbatte nelle trascrizioni stenografiche delle varie audizioni non si riesce più a venirne fuori, tra dichiarazioni più o meno convincenti, talvolta in contraddizione tra loro, e perché davvero l'impressione che se ne ricava è quella di un orribile pozzo senza fondo, in cui si arriva alla conclusione che se – come la Storia insegna – tutto può essere sacrificato in nome della ragion di Stato, dall'una come dall'altra parte persistono le famose "verità indicibili".

Entrare in quel buco nero, Sergio, significa essere colti da un senso di sgomento, angoscia, orrore, perché la sola certezza a cui si arriva è che su tante, troppe cose non ci sarà mai certezza di niente, salvo che centinaia di vite vennero sacrificate in ultima analisi al solo scopo di perpetuare il più a lungo possibile lo *status quo*. Accanto al nobile intento di salvare la democrazia, che di sicuro stava alla radice delle scelte di tanti servitori dello Stato, convinti dei valori della Costituzione e disposti a sacrificarsi per difenderli, ce ne fu un altro: quello di chi agì (o non agì) perché determinato a conservare a ogni costo il potere.

Pochi mesi dopo la tua morte, Sergio, il 2 novembre 1975, venne ucciso un intellettuale che si definiva comunista malgrado i partigiani comunisti avessero trucidato suo fratello Guido nell'eccidio di Porzûs: Pier Paolo Pasolini. L'ultimo film che aveva fatto in tempo a girare prima di essere ammazzato sul lido di Ostia – di nuovo, in circostanze mai del tutto chiarite – fu *Salò o le 120 giornate di Sodoma*, presentato postumo tre settimane dopo la morte del regista al Festival Cinematografico di Parigi, e sequestrato per oscenità alla sua uscita nelle sale italiane il 10 gennaio 1976. Il film, nel quale Pasolini rielaborava le opere di De Sade e l'*Inferno* di Dante, venne subito ovviamente letto in chiave antifascista. Ma poco prima di morire, Pasolini spiegò che ai suoi occhi il nuovo tipo di potere succeduto al fascismo era per certi aspetti molto più pericoloso.[6] Si trattava di un potere fondato sulla promessa della comodità e del benessere, come aveva scritto nel momento in cui aveva analizzato il mutamento antropologico degli italiani seguito al Boom economico e al Sessantotto: "Il modello culturale offerto agli italiani (e a tutti gli uomini del globo, del resto) è unico. La conformazione a tale modello si ha prima di tutto nel vissuto, nell'esistenziale: e quindi nel corpo e nel comportamento. È qui che vivono i valori, non ancora espressi, della nuova cultura della civiltà dei consumi, cioè del nuovo e del più repressivo totalitarismo che si sia mai visto".

Ignoro se tu Sergio nei mesi che precedettero la tua uccisione facesti in tempo a leggere gli articoli che Pasolini scriveva sul "Corriere della Sera". Forse preferivi informarti sul "Secolo d'Italia". Ma anche se così fosse, credo che almeno in due o tre casi l'eco di quanto scriveva l'autore di *Una vita violenta* possa essere arrivato fino a te. A cominciare dal famoso articolo del 14 novembre 1974, anno che nel corso della sua audizione presso la Commissione Stragi il fondatore di Avanguardia Nazionale Stefano Delle Chiaie, a cui torneremo in seguito, definì orribile innanzitutto a causa della morte del principe Junio Valerio Borghese, ex comandante della X MAS durante la guerra, accusato dalla magistratura di avere organizzato il famoso golpe subito abortito.[7] L'intervento di Pasolini sul "Corriere della Sera", intitolato non a caso *Cos'è questo golpe?*, resta impressionante ancora oggi. E se torno con la memoria al giorno in cui Pasolini venne ucciso, e rivedo lo sgomento che quella morte provocò, tale che perfino il bambino di dieci anni che ero poté almeno in parte rendersene conto, non posso fare a meno di pensare al fatto che l'autore di *Petrolio* resta il solo intellettuale italiano a essere stato ammazzato nel dopoguerra.

"Io so", scrisse Pasolini in quell'articolo che avevo già citato nel libro dedicato alla mamma di Walter.

"Io so i nomi dei responsabili di quello che viene chiamato *golpe* (e che in realtà è una serie di *golpes* istituitasi a sistema di protezione del potere).

Io so i nomi dei responsabili della strage di Milano del 12 dicembre 1969.

Io so i nomi dei responsabili delle stragi di Brescia e di Bologna dei primi mesi del 1974.

Io so i nomi del 'vertice' che ha manovrato, dunque, sia i vecchi fascisti ideatori di *golpe*, sia i neofascisti autori materiali delle prime stragi, sia infine, gli 'ignoti' autori materiali delle stragi più recenti.

Io so i nomi che hanno gestito le due differenti, anzi, opposte, fasi della tensione: una prima fase anticomunista (Milano 1969) e una seconda fase antifascista (Brescia e Bologna 1974)."

Ed ecco dunque un primo punto interessante: Pasolini è convinto che le bombe siano servite in funzione non solo anticomunista ma anche antifascista. Nel 1972, non a caso, il

Movimento Sociale Italiano ottenne un inaspettato risultato elettorale nelle elezioni politiche del 7 maggio, sottraendo voti alla Democrazia Cristiana e addirittura raddoppiando i propri consensi. Il successo del partito guidato da Giorgio Almirante fu effimero: le bombe avrebbero allontanato dall'MSI non pochi elettori.

"Io so i nomi del gruppo di potenti, che, con l'aiuto della CIA (e in second'ordine dei colonnelli greci e della mafia), hanno prima creato (del resto miseramente fallendo) una crociata anticomunista, a tamponare il 1968, e in seguito, sempre con l'aiuto e per ispirazione della CIA, si sono ricostituiti una verginità antifascista, a tamponare il disastro del referendum.

Io so i nomi di coloro che, tra una messa e l'altra, hanno dato le disposizioni e assicurato la protezione politica a vecchi generali (per tenere in piedi, di riserva, l'organizzazione di un potenziale colpo di Stato), a giovani neofascisti, anzi neonazisti (per creare in concreto la tensione anticomunista) e infine a criminali comuni, fino a questo momento, e forse per sempre, senza nome (per creare la successiva tensione antifascista)."

Balza agli occhi la lucidità con cui Pasolini argomenta come il potere abbia saputo/voluto usare le bombe, e dunque le stragi, per prendere di mira prima l'estrema sinistra e poi l'estrema destra, così da escluderle da qualsiasi ipotesi di riconoscimento politico e da spingere verso il centro l'elettorato di sinistra come quello di destra.

La conclusione alla quale arrivò anni dopo la Commissione Stragi è nota: durante la stagione degli anni di piombo, la strategia della tensione o degli opposti estremismi aveva come scopo non il sovvertimento dell'ordine democratico ma, al contrario, la sua preservazione. Piombo e tritolo vennero usati non per destabilizzare, ma per stabilizzare.

Ma chi beneficiò di quel conflitto anche generazionale che replicava in sedicesimo quello fratricida del biennio 1943-1945, un biennio segnato da lutti e da ferite capaci di provocare divisioni e odii eterni? A chi giovò tutto il sangue versato a partire dal 12 dicembre 1969? E, a margine della lotta armata e dell'eversione, a chi fece comodo la diffusione capillare dell'eroina nelle grandi città attraversate dalle tensioni sociali dell'epoca, a Milano come a Bologna, a Torino o a Roma, con il relativo corollario di morti, ancora e sempre tanti, troppi? Quale prezzo pagò chi si trovò ad avere vent'anni in quel periodo terribile della nostra Storia?

Chiunque si imbatta nei menzionati resoconti stenografici delle audizioni della Commissione Stragi, o consulti un manuale di storia contemporanea, non può non prendere atto di come l'Italia abbia visto almeno due tentativi di colpo di Stato: il cosiddetto Piano Solo e il golpe Borghese. Per tacere del configurarsi, grazie a quanto emerse dalle audizioni in questione, di quello che era di fatto un doppio Stato. Poiché in una nazione nella quale in seguito all'esito della Seconda guerra mondiale e agli accordi di Yalta la sovranità era incontestabilmente limitata, in cui alla DC spettava la conduzione politica e al PCI il controllo delle dinamiche sociali, nel momento in cui si paventò la possibilità di una "democrazia dell'alternanza" che avrebbe portato al governo a seconda dei risultati elettorali uno o l'altro dei due maggiori partiti, alcune forze che erano della politica e della società, degli apparati dello Stato e dei Servizi sia italiani sia stranieri, si adoperarono perché tale processo venisse bloccato. Ed è la Commissione a interrogarsi sull'esistenza di un doppio binario nei confronti della lotta armata e dell'eversione, che a seconda delle fasi e in relazione a una serie di sviluppi – l'autunno caldo con le lotte studentesche e operaie, la promulgazione dello Statuto dei Lavoratori, i referendum sul divorzio e sull'aborto, ma non solo – vennero lasciate fare o represse in base alle convenienze del momento. Ancora una volta, riecheggiano le parole di Pasolini. "Io so i nomi dei responsabili di quello che viene chiamato *golpe* (e che in realtà è una serie di *golpes* istituitasi a sistema di protezione del potere)." Fu sempre Pasolini, in una serie di interventi apparsi tra l'agosto e il settembre 1975, a chiedere di mettere sotto processo la Democrazia Cristiana, "un processo penale, dentro un tribunale", dal quale i processati uscissero "ammanettati fra i carabinieri". In queste sue invettive Pasolini fece più volte ricorso alla figura del "palazzo", inteso come metafora del potere, rivendicando la necessità di portare a giudizio, testuali parole, "i gerarchi della DC". Pasolini accusava la DC di "una quantità sterminata di reati [...], indegnità, disprezzo per i cittadini, manipolazione del denaro pubblico, intrallazzo con i petrolieri, con gli industriali, con i banchieri, connivenza con la mafia, alto tradimento in favore di una nazione straniera, collaborazione con la CIA, uso illegale di enti come il SID, responsabilità nelle stragi di Milano e Brescia (almeno in quanto colpevole incapacità di punire gli esecutori), distruzione paesaggistica e urbanistica dell'Italia, responsabilità della degradazione antropologica degli italiani (responsabilità, questa, aggravata dalla sua totale inconsapevolezza), responsabilità della condizione, come suole dirsi, paurosa, delle scuole, degli ospedali e di ogni opera pubblica primaria, responsabilità nell'abbattimento 'selvaggio' delle campagne, responsabilità nell'esplosione 'selvaggia' della cultura di massa e dei mass media, responsabilità della stupidità delittuosa della televisione, responsabilità del decadimento della Chiesa, e infine, oltre a tutto il resto, magari, distribuzione borbonica di cariche pubbliche ad adulatori".

Dato che la centralità del potere incarnato dalla DC aveva bisogno di quei voti che sarebbero andati a destra, all'MSI, gli attentati perpetrati dai, o attribuiti ai, neri furono secondo quanto si evince leggendo gli atti della Commissione altrettanto utili quanto i rapimenti, le gambizzazioni e gli omicidi commessi dai rossi, poiché allontanarono da quell'area elettori che finirono per votare lo Scudo Crociato anziché la Fiamma, delegittimata non solo in quanto erede del fascismo ma perché ritenuta troppo vicina agli autori delle stragi. Se da una parte c'era quello che Rossana Rossanda definì "l'album di famiglia del PCI", venendo subito attaccata da chi si ostinava a negare l'evidenza sostenendo che le Brigate Rosse altro non erano che "provocatori fascisti", dall'altra c'era quello dell'MSI. Fu così che le P38 da una parte e le bombe dall'altra servirono a criminalizzare la sinistra a sinistra del PCI e la destra a destra dell'MSI. E, in questo quadro, sia il PCI sia l'MSI scelsero di – o furono costretti a – presentarsi come partiti d'ordine, cosa che di fatto spinse molti giovani a scegliere l'estremismo con conseguenze drammatiche. Da qui, tra l'altro, la linea della fermezza che poi condannò Moro. Il cui progetto di compromesso storico era di fatto inaccettabile, su un piano geopolitico, sia per gli USA sia per l'URSS: ammesso che davvero Moro volesse portare il PCI al governo dandogli addirittura dei ministeri, e non piuttosto logorarlo.

Ciò detto, non posso non ricorrere un'ultima volta a Pasolini, anche se si tratta di due citazioni già presenti nel libro dedicato a Walter.

"I responsabili reali delle stragi di Milano e Brescia sono il governo e la polizia italiana: perché se governo e polizia avessero voluto, tali stragi non ci sarebbero state. È un luogo comune. Ebbene, a questo punto mi farò definitivamente ridere dietro dicendo i responsabili di queste stragi siamo anche noi progressisti, antifascisti, uomini di sinistra. Infatti in tutti questi anni non abbiamo fatto nulla: 1) perché parlare di 'Strage di Stato' non divenisse un luogo comune, e tutto si fermasse lì; 2) (e più grave) non abbiamo fatto nulla perché i fascisti non ci fossero. Li abbiamo solo condannati gratificando la nostra coscienza con la nostra indignazione; e più forte e petulante era l'indignazione più tranquilla era la coscienza."

E ancora, intervistato sul "Mondo" da Guido Vergani l'11 luglio 1974: "Noi intellettuali tendiamo sempre a identificare la 'cultura' con la nostra cultura: quindi la morale con la nostra morale e l'ideologia con la nostra ideologia. Questo significa 1) che non usiamo la parola 'cultura' nel senso scientifico, 2) che esprimiamo, con questo, un certo insopprimibile razzismo verso coloro che vivono, appunto, un'altra cultura".

8

All'antifascista Pasolini non sarebbe mai venuto in mente di rimarcare la sua "differenza antropologica" – sono certo che ti sarai imbattuto anche tu in quest'espressione, Sergio – dai fascisti, come al contrario fecero e continuano a fare tanti, troppi altri. Per cui eccoci, Sergio: questo era uno dei punti fondamentali a cui volevo arrivare. Ci ho messo un po', è vero. Ma ai miei occhi era necessario. Perché l'insopprimibile razzismo di cui parla Pasolini è alla radice di quel famoso "uccidere un fascista non è reato" che venne scandito nelle piazze milanesi e italiane dopo stragi che restavano impunite e di cui non si riuscivano a – o non si volevano – individuare non solo gli esecutori ma innanzitutto i mandanti. Dopo quelle stragi, ci fu chi proprio in quel 1975 propose non a caso di mettere fuori legge il Movimento Sociale Italiano.

Da "Lotta Continua" del 9 gennaio 1975: "La manifestazione di oggi è l'inizio della lotta per la chiusura dei covi fascisti, per l'epurazione degli studenti e professori fascisti nelle scuole, per la messa al bando dell'MSI".

Dal "Quotidiano dei Lavoratori" del 25 gennaio 1975: "Appello unitario di Avanguardia Operaia, PDUP e Lotta Continua per l'MSI fuorilegge, contro il fermo di polizia e le crociate democristiane: le tre organizzazioni invitano tutti i compagni a mobilitarsi contro i fascisti". Sono i giorni in cui a Milano venne nominato procuratore di Corte d'appello Luigi Bianchi d'Espinosa, che avocò a sé il procedimento aperto nel 1971 dal sostituto procuratore Raimondo Sinagra contro gli extraparlamentari di destra e che il 10 gennaio 1972, nel discorso per l'apertura del nuovo anno giudiziario, dichiarò: "Il nostro sistema giudiziario impone a qualsiasi magistrato di operare in maniera antifascista. Non per libera scelta ideologica ma per dovere di lealtà al giuramento".

Ma come si chiede Luca Telese nel suo *Cuori neri*, l'MSI "può essere considerato – come fa il procuratore di Milano – un semplice erede della Repubblica Sociale? La sua attività può essere perseguita come se fosse illegale?". Dopo l'affermazione elettorale del 1972, in cui l'MSI passò dall'8,2 al 13,9 per cento nelle amministrative del 13 giugno, "il procuratore non avrà più alcuna esitazione e darà il via a una delle più forti campagne politiche che la storia repubblicana ricordi. Fra il 1974 e il 1975 le formazioni extraparlamentari, la CISL, la UIL e una nutritissima pattuglia di intellettuali, raccolgono le firme intorno a una legge che sostiene l'iniziativa del procuratore milanese e chiede lo scioglimento immediato dell'MSI. Intorno a questa petizione prende corpo la campagna nazionale sull''antifascismo militante', che molti gruppi extraparlamentari, da Lotta Continua ad Avanguardia Operaia, molto spesso interpreteranno come un diritto-dovere: quello di assaltare le sedi dell'MSI e i suoi iscritti in tutto il territorio nazionale".

È così che anche tu, Sergio, in quanto "fascio", diventasti non soltanto un obiettivo legittimo, ma letteralmente una non-persona. Una non-persona che per via delle sue idee politiche non aveva diritto di studiare, di andare a scuola, e neppure di uscire di casa, o di frequentare un certo bar. Una non-persona che per via delle sue idee politiche, quelle idee che la rendevano altra cosa da un essere umano, poteva, anzi doveva, essere perseguitata, schiacciata, eliminata.

E chissà se a qualcuno questo modo di pensare e di concepire la politica non ricordi qualcosa.

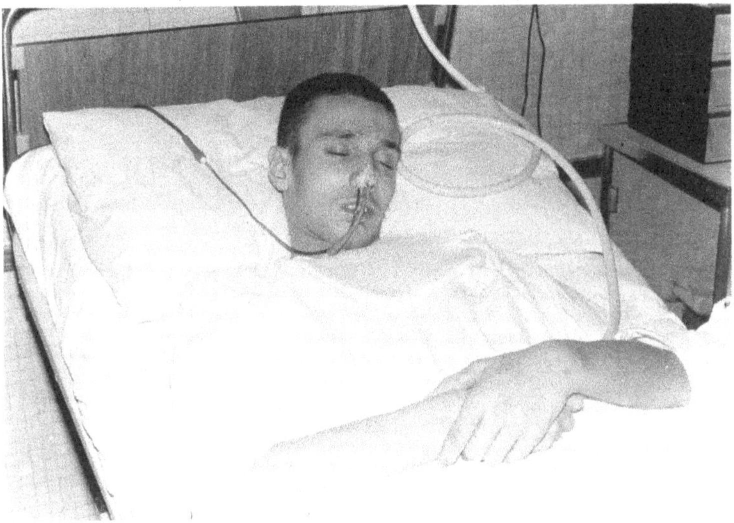

Walter i capelli lunghi se li tagliò nell'estate del 1976 con la scusa che aspettava la cartolina per il militare, in realtà perché era sul punto di entrare definitivamente in clandestinità dopo il suo ingresso nelle Brigate Rosse. A te li tagliarono al momento del tuo ricovero in ospedale, perché dovevano operarti nel tentativo di salvarti la vita. Quando Pasolini nei suoi scritti se la prendeva con la moda imperante, a cominciare dall'adozione dei blue jeans e dall'uso di portare i capelli lunghi, diventato tanto comune da rendere difficile distinguere i giovani di sinistra da quelli di destra, gli antifascisti dai fascisti, parlava anche di voi due. Riavvolgere il nastro delle vostre storie e della Storia non è possibile, ma se penso alle cose che tu e Walter avevate in comune mi riesce difficile non pormi a mia volta una domanda simile a quella che mi sono sentito fare più volte all'indomani della pubblicazione del mio *Il tempo di vivere con te*: "Se oggi incontrassi Walter, che cosa gli diresti?".

Già. Se oggi tu, Sergio, e tu, Walter, vi incontraste, che cosa vi direste? Provereste odio, l'uno nei confronti dell'altro? Oppure pietà? Scommetto che un paio di settimane prima che tu venissi aggredito, il 2 marzo 1975, avevate gioito entrambi per il 3-1 inflitto dalla vostra Inter alla Lazio, con una doppietta di Fedele e una rete di Boninsegna su rigore, a cui aveva risposto Chinaglia al 90°. E di sicuro vi sarete rabbuiati il 9 marzo a causa dello 0-3 patito nel derby contro il Milan, con le reti di Calloni e Benetti per i rossoneri a cui si era aggiunto un autogol di Facchetti. Se per caso si parlava di calcio, Walter mi magnificava spesso le imprese del vostro Bonimba, a suo dire più forte del mio Puliciclone.

Nel mese di luglio del 1974, quando entrambi eravate ancora vivi, una mattina in spiaggia a Noli in Liguria io e la mia famiglia ci eravamo ritrovati fianco a fianco con il padre del vostro centravanti: quando lo avevo detto a Walter lì per lì non mi aveva creduto, pensava gli stessi raccontando a mia volta una delle balle che lui confezionava ad arte per me e per tutti noi. Comunque: scommetto anche che tu e Walter avevate delle letture in comune. Certo tu non leggevi Karl Marx e lui non leggeva Julius Evola, ma è facile che condivideste almeno la passione per i fumetti, da *Alan Ford* a *Diabolik* passando per *Tex* e *Il Comandante Mark*. E poi la musica. Se vi foste incontrati per caso fuori da San Siro, o davanti a un'edicola, o in un negozio di dischi, tu tra le mani il 45 giri di Celentano *Prisencolinensinainciusol* e lui con *Rimmel* di De Gregori, tutti e due con i blue jeans a zampa, vi sareste scambiati uno sguardo d'intesa? Vi sareste riconosciuti come due ragazzi che amavano le stesse cose? E se vi foste parlati? E se poi chiacchierando fosse venuto fuori che lui stava in Lotta Continua e tu nel Fronte della Gioventù? Che cosa avreste fatto? Sareste venuti alle mani? E se invece aveste continuato a parlarvi? Ma per quanto posso saperne, non vi siete mai incontrati.

Sì, lo so: i morti non sono tutti uguali. Nel caso specifico, tu eri un "fascio" e Walter un "terrorista". Tu appartenevi al Fronte della Gioventù, Walter dopo essere uscito da Lotta Continua era entrato nelle Brigate Rosse. E al contrario di te, che non avevi commesso alcun reato, aveva ucciso due padri di famiglia, fatto due vedove e degli orfani e, a otto anni di distanza, provocato indirettamente la morte di sua madre per crepacuore. Anche tuo papà, Sergio, il signor Mario Ramelli, è morto di crepacuore quattro anni dopo la tua scomparsa. E a chi ripete ogni volta che se ne presenti l'occasione che i morti non sono tutti uguali, non posso fare altro che ribadire una cosa: il dolore di chi li ha amati, comunque la pensassero e quale che fosse la colpa che avessero commesso, non è diverso. Io che ho visto le lacrime della mamma di Walter so bene che erano uguali a quelle della tua. Ed erano uguali a quelle di tutte le madri che persero i loro figli in quegli anni, fossero quei figli gli agenti della scorta di Moro,[8] o i brigatisti del covo di via Fracchia a Genova,[9] o i ragazzi di Acca Larentia,[10] o i passeggeri dell'Italicus, o i carabinieri di servizio a Peteano.[11]

Eppure. Eppure, ancora pochi anni fa, il 6 maggio 2021, Gianni Barbacetto scrisse un articolo sul "Fatto Quotidiano" intitolato *Come si può inserire a scuola uno "spazio" per il fascio Sergio Ramelli?* Pensa, Sergio: a distanza di tanto tempo, ancora quell'espressione. Per il "fascio" Sergio Ramelli. L'articolo aveva un occhiello: "Pietà per tutti i morti. Ma tolleranza zero per il fascismo". E prendendo spunto dal fermo a Parigi di alcuni ex appartenenti alla lotta armata rifugiatisi Oltralpe da decenni grazie alla cosiddetta Dottrina Mitterrand diceva: "L'arresto in Francia dei sei italiani condannati per reati di terrorismo e di Giorgio Pietrostefani, condannato per l'omicidio Calabresi, ha riaperto – soprattutto a sinistra – il dibattito sui cosiddetti 'anni di piombo' e sulle responsabilità dei militanti 'rossi'. A destra, invece, sono continuate le iniziative per ricordare i 'loro morti', i 'camerati caduti'. Per ricordarli in piazza e nelle sedi istituzionali. A Milano, Franco Lucente, capogruppo di Fratelli d'Italia in Regione Lombardia, ha presentato un'interrogazione alla giunta in cui ha chiesto 'aggiornamenti su progetti e iniziative nelle scuole lombarde per la ricorrenza della morte di Sergio Ramelli e dell'avvocato Enrico Pedenovi'. Sergio era un ragazzo di 19 anni, militante del Fronte della Gioventù, aggredito il 13 marzo 1975 a Milano da un gruppo di Avanguardia Operaia che intendeva 'dargli una lezione' a colpi di spranga e invece lo uccide". *Darti una lezione*? Colpendoti alla testa furiosamente e ripetutamente con chiavi inglesi pesanti tre chili e mezzo l'una? "Pedenovi era un consigliere provinciale del Movimento Sociale Italiano" proseguiva Barbacetto, "ucciso l'anno dopo, il 29 aprile 1976, da un commando del gruppo terroristico Prima Linea. [...] Intendiamoci: un ragazzo ucciso è un ragazzo ucciso, ed ha la stessa dignità, sia di destra, o di sinistra, o di nessuna parte politica. E, dall'altra parte, un assassino è un assassino, sia che appartenga a gruppi di destra, sia che faccia parte di gruppi di sinistra. Ma eroi si diventa per quello che si è compiuto da vivi, non per il fatto di essere morti. E non può essere considerato eroe chi in vita professava un'ideologia fascista che giustifica l'uccisione della libertà e dei diritti di ciascuno. Ha diritto, questo sì, alla giustizia che lui stesso non avrebbe concesso agli avversari, ma eroe, per favore, no. Attenti dunque a come si racconta la storia".

Già: come si racconta la Storia? Forse rimuovendo le pagine che riteniamo scomode? Ora: se è vero che tu e Pedenovi non eravate due eroi – tu eri uno studente di diciotto anni, lui faceva l'avvocato e venne ucciso in occasione del primo anniversario della tua morte dopo essere stato scelto come obiettivo per il semplice fatto che tendergli un agguato non avrebbe comportato rischi, abitudinario e indifeso com'era – e né l'uno né l'altro ambivate a morire per diventare simboli positivi o negativi – dove sta il problema di intitolarvi una sala in quanto vittime degli anni di piombo – perché questo siete, quali che fossero i vostri ideali – se non nel fatto che eravate due "fasci"? Il fatto è che, in quanto tali, benché non aveste commesso alcun reato non dovete essere ricordati. Anche nel vostro caso, il ricordo deve restare un fatto privato. E se a ricordarvi sono invece i vostri amici e camerati con i relativi boschi di braccia tese, allora questa è una ragione in più per dimenticarvi o meglio per rimuovervi. Rimuovervi non solo dalla memoria collettiva, ma forse anche dalla cattiva coscienza di chi ancora oggi ritiene che la fine che avete fatto in fondo ve la siete cercata, anzi proprio meritata, visto che eravate "fasci".

Sta di fatto che tu Sergio e con te la tua famiglia avete potuto contare sulla solidarietà dell'MSI e su una vicinanza da parte degli eredi di quell'esperienza politica che perdura ancora oggi. Ma c'è un problema. Il 29 aprile di ogni anno si tiene in via Ettore Paladini la cerimonia del "Presente!", in cui oltre a te e a Enrico Pedenovi si ricorda Carlo Borsani, cieco di guerra e medaglia d'oro al valor militare che aveva aderito alla RSI, ammazzato dai partigiani comunisti con un colpo alla nuca in via Susa malgrado si fosse adoperato per la scarcerazione di suor Enrichetta Alfieri, membro della Resistenza e staffetta partigiana nota come l'Angelo di San Vittore, per essere poi portato in giro in un carretto della spazzatura con appeso al collo un cartello di dileggio recante la scritta EX MEDAGLIA D'ORO. E, puntualmente, la commemorazione è occasione di polemiche per via della presenza di centinaia di militanti di varie formazioni neofasciste. L'ANPI protesta e chiede che il tutto venga vietato evocando ogni anno con esponenti del PD lo spettro dell'eterno ritorno del fascismo. Gli antagonisti organizzano una manifestazione di segno contrario. La Celere viene schierata per evitare che le opposte fazioni entrino in contatto. La DIGOS fotografa. Il tuo nome torna a circolare sui giornali.

9

Di sicuro ci sarà chi troverà da ridire su quanto ho scritto fin qui. Non sono uno storico e tantomeno un politologo. Mi limito a raccontare storie. E per raccontare la tua storia, Sergio, devo fare ancora qualche passo indietro. Tornare al 1973. Il 16 aprile, non a Milano ma a Roma, nel quartiere operaio di Primavalle, in un incendio doloso morirono bruciati vivi i fratelli Stefano e Virgilio Mattei, rispettivamente di otto e ventidue anni. Quella notte tre membri di Potere Operaio, Achille Lollo, Marino Clavo e Manlio Grillo, come poi accertato sia dalla magistratura nella persona del sostituto procuratore Domenico Sica, sia dal vertice dell'organizzazione extraparlamentare nella persona di Valerio Morucci, in seguito entrato nelle Brigate Rosse, appiccarono il fuoco alla porta di casa della famiglia Mattei. Una famiglia numerosa, che abitava in una palazzina di via Bernardo da Bibbiena 33 ed era composta dal padre Mario, ex netturbino e segretario del Movimento Sociale Italiano della sezione Giarabub[12] di Primavalle, dalla moglie Anna Maria e dai loro sei figli. Gli estremisti arrivarono sul posto con il favore delle tenebre e salirono le scale dell'edificio portando con loro ben cinque litri di benzina, un quantitativo che forse stride con la tesi che intendessero fare solo un'azione di tipo intimidatorio. Immaginarsi che cosa si dissero una volta arrivati al piano ed essersi accertati che quella davanti a cui si fermarono fosse davvero la porta dei Mattei non richiede molta fantasia. Eccola, la tana dei "fasci". Non dovettero perdere tempo. Il liquido infiammabile filtrò attraverso la porta d'ingresso, e a quel punto l'innesco artigianale bastò a scatenare l'incendio che si propagò dentro l'appartamento mentre gli attentatori scendevano a precipizio giù per le scale. Un po' più difficile è riuscire a immaginare il terrore che riempì gli occhi della famiglia Mattei.

Miracolosamente, la moglie Anna Maria e i due figli minori, Antonella di nove anni e Giampaolo di tre, riuscirono a fuggire dalla porta principale. Mario Mattei invece scappò dal balcone, e da lì aiutò la figlia Lucia di quindici anni a calarsi dalla finestra del secondo piano, prendendola al volo benché ustionato alle gambe. L'altra figlia, Silvia, di diciannove anni si buttò dalla veranda della cucina, e dopo aver battuto la testa sulla ringhiera del balcone del secondo piano e la schiena su un tubo del gas venne trattenuta per qualche momento dai fili del bucato prima di schiantarsi sul marciapiede, riportando la frattura di due costole e tre vertebre. Gli ultimi due figli, Virgilio, che a ventidue anni militava nei Volontari Nazionali, e Stefano, che a otto anni frequentava le elementari, non riuscirono invece a gettarsi dalla finestra e vennero arsi vivi dalle fiamme: quando i pompieri riuscirono a entrare nell'appartamento, li trovarono abbracciati e carbonizzati.

Tu, Sergio, come tutti gli italiani venisti a conoscenza della tragedia la mattina dopo, tornando da scuola e apprendendo la notizia dal telegiornale. Ne fosti sconvolto: quella dei Mattei era una famiglia proletaria, e la sola colpa di Mario e Virgilio stava nel fatto di essere missini. Come non pensare: "E se capitasse a noi?". Come non sentirsi vicini ai Mattei? Come non chiedersi: "E io? Che farei, in una situazione del genere?". Quel giorno, per la prima volta forse guardasti tua sorella Simona con altri occhi, e con lei anche tua madre e tuo padre: tu e tuo fratello Luigi ormai sapevate già di correre dei rischi per via delle vostre idee politiche, ma se un bambino di otto anni aveva fatto quella fine orribile allora non c'era da stare tranquilli né per la piccola Simona, che in quel momento di anni ne aveva solo sette, né per i vostri genitori.

Quello slogan scandito nelle piazze milanesi e italiane, "Uccidere un fascista non è reato", rimbombò di nuovo nelle manifestazioni che vennero indette a Roma nel momento in cui Achille Lollo venne catturato in seguito al mandato d'arresto spiccato il 18 aprile, al contrario di Marino Clavo e Manlio Grillo, resisi irreperibili. Nei giorni successivi da sinistra scattò una nuova e martellante campagna stampa, volta ad attribuire la tragedia a una faida interna all'MSI. Molti intellettuali e giornali si schierarono a favore degli imputati. Franca Rame,[13] esponente dell'Organizzazione Soccorso Rosso Militante, il 28 aprile scrisse una lettera a Achille Lollo: "Ti ho inserito nel Soccorso Rosso Militante. Riceverai denaro dai compagni, e lettere, così ti sentirai meno solo". Partì una campagna innocentista a cui aderirono tra gli altri Dario Fo, Alberto Moravia, il senatore del PCI Umberto Terracini e il deputato socialista Riccardo Lombardi, entrambi già membri dell'Assemblea Costituente. Alla sede dell'MSI di via Mancini parlasti a lungo della sorte toccata ai fratelli Mattei con gli altri ragazzi del Fronte della Gioventù. Qualcuno di loro iniziò a girare armato, per difendersi da quella caccia al "fascio". Tu no.

Il 5 novembre di quello stesso anno, il 1973, a Pavia, morì Emanuele Zilli, attivista missino, che originario di Teramo era emigrato con la famiglia nella città lombarda dopo un'infanzia trascorsa tra Roma e Torino. Operaio presso la fabbrica Bertani, padre di due bambine, Zilli era iscritto alla sezione locale dell'MSI e una sera di dicembre dell'anno precedente, mentre con altri missini attaccava dei manifesti in piazza Grande a Pavia, venne aggredito da un gruppo di militanti di sinistra appartenenti al Partito Comunista Marxista-Leninista. Seguì una rissa, nella quale uno dei missini estrasse una pistola ad aria compressa ferendo a un braccio uno dei comunisti. Da quel giorno, Zilli cominciò a ricevere telefonate minatorie, e minacce scritte a spray sul muro di casa. Un anno dopo, il 2 novembre 1973, Zilli venne rinvenuto in fin di vita, apparentemente in seguito a una caduta dal motorino. Il suo corpo tuttavia presentava ferite non compatibili con un incidente del genere: l'occhio tumefatto, il taglio alla gola. Spirò in ospedale tre giorni dopo. Quando la notizia si diffuse in via Mancini a Milano, nessuno credette alla versione dell'incidente stradale.

Tu non avevi ancora compiuto i diciotto anni quando, era il 28 maggio 1974 e mancavano appena undici mesi alla tua morte, a Brescia ebbe luogo un'altra strage, quella di piazza della Loggia. Una bomba nascosta in un cestino portarifiuti fu fatta esplodere quella mattina alle 10 e 12 minuti mentre era in corso una manifestazione indetta dai sindacati e dal Comitato Antifascista contro il terrorismo neofascista. L'attentato provocò la morte di 8 persone e il ferimento di altre 102. Dopo molti anni di indagini, nuovi depistaggi e processi, vennero riconosciuti colpevoli alcuni membri del gruppo neofascista Ordine Nuovo. Quali esecutori materiali furono condannati Maurizio Tramonte e i già detenuti Carlo Digilio (addetto agli esplosivi) e Marcello Soffiati (che trasportò l'ordigno). Come mandante venne condannato, sempre in appello, il dirigente ordinovista Carlo Maria Maggi. Gli altri imputati, tra cui Delfo Zorzi, il generale Francesco Delfino e l'ex segretario dell'MSI e fondatore del Centro Studi Ordine Nuovo Pino Rauti, furono assolti. Quando scoppiò quella bomba, io avevo nove anni. E mai mi sarei potuto immaginare di incontrare un giorno un uomo che quel mattino era presente in piazza della Loggia, Manlio Milani, e che aveva visto dilaniare dall'esplosione l'amata moglie Livia.

Manlio Milani, presidente dell'Associazione delle Vittime della Strage di Brescia, è "il supereroe" di Giorgio Bazzega, figlio del maresciallo di pubblica sicurezza Sergio, ucciso da Walter con il vicequestore Vittorio Padovani la mattina del 15 dicembre 1976. Incontrare Giorgio all'indomani della pubblicazione di *Il tempo di vivere con te* è stato per me importantissimo. Ci siamo dati appuntamento al parco intitolato ad Alessandrina Ravizza, a due passi dal monumento che ricorda Roberto Franceschi, altra vittima degli anni degli opposti estremismi, ucciso dalla polizia nel corso di una manifestazione il 23 gennaio 1973.[14] Giorgio mi ha ringraziato per aver scritto quel libro che per lui finalmente chiudeva un cerchio, perché gli aveva permesso di capire chi fosse il ragazzo che aveva ucciso suo padre, e mi ha raccontato di Sergio Bazzega: un poliziotto democratico, che credeva nei valori della Costituzione e che prima del matrimonio aveva detto a sua madre Luciana: «Ti sposo perché so che sarai capace di crescere da sola i nostri figli, se mi succederà qualcosa». A quelle parole riportate da Giorgio ho pianto, e Giorgio mi ha abbracciato, per poi raccontarmi di come la sua vita, segnata profondamente dall'aver perso il padre ad appena due anni d'età e percorsa dall'odio per Walter e per Renato Curcio in quanto fondatore delle Brigate Rosse, sia stata cambiata dall'incontro con Manlio Milani. "Fino a quel giorno ero convinto di avere, in quanto figlio di una vittima del Terrorismo, il monopolio del dolore. Poi, in occasione di un incontro dell'Associazione delle Vittime del terrorismo, ho sentito quest'uomo, che in piazza della Loggia a Brescia aveva visto morire dilaniata sua moglie a causa dello scoppio di quella bomba messa dai fascisti, dire una cosa sconvolgente: 'Fino a che punto, io che scendevo in piazza a gridare slogan come 'Basco nero il tuo posto è al cimitero' o 'L'unico fascista buono è quello morto' avevo contribuito all'odio che stava all'origine di quella bomba?'. Quando ho sentito Manlio dire queste parole, ho capito tante cose."

Era il 17 giugno 1974 quando le Brigate Rosse uccisero nella sede dell'MSI di Padova Giuseppe Mazzola, carabiniere in congedo, e Graziano Giralucci, agente di commercio e rugbista. Come ricordato in precedenza, si trattò dei primi omicidi commessi dalle BR, che nell'occasione agirono con un commando composto da Roberto Ognibene, Fabrizio Pelli, Susanna Ronconi, Giorgio Semeria e Martino Serafini. Graziano Giralucci lasciò la moglie Bruna e la figlia Silvia di tre anni.[15] Giuseppe Mazzola lasciò la moglie Giuditta e quattro figli. Le Brigate Rosse rivendicarono il duplice omicidio con una telefonata al quotidiano "Il Gazzettino" e con due volantini lasciati all'interno di cabine telefoniche a Milano e Padova.[16] Walter all'epoca non era ancora entrato nelle BR. Che cosa pensò di quell'accaduto?

Quando quell'estate venne come ogni anno in vacanza con i suoi genitori in Piemonte e si fermò a casa nostra, non ricordo se ne parlò. Se sì, forse non lo fece con me: avevo appena nove anni. Ma anche se non rammento qualcosa di preciso, nella mia memoria restano i frammenti di conversazioni a tavola, in cui lui e sua madre, per me la zia Ada, raccontavano la Milano di quegli anni percorsa dalla violenza di cui di lì a poco tu saresti stato vittima. Tu, Sergio, rimanesti tanto colpito da quelle due uccisioni avvenute cinque giorni dopo la fine dell'anno scolastico 1973-1974 che all'inizio del successivo, a distanza di mesi, ne scrivesti in quel tema in classe. Il tema in classe che avrebbe dato il via alla tua persecuzione. La persecuzione che sarebbe sfociata nella tua morte.

10

Era, quella, la stagione dell'odio. E tu, Sergio, che durante la tua giovane vita non hai mai non solo messo una bomba ma nemmeno picchiato qualcuno, sei stato obiettivo di quell'odio. Un odio che nel suo concretizzarsi contemplava il metodo della cosiddetta "rappresaglia preventiva". La rappresaglia preventiva costituiva, agli occhi dei giovani che facevano parte dei vari servizi d'ordine delle organizzazioni extraparlamentari di sinistra, un metodo legittimo di lotta nei confronti di coloro che come te non erano visti come avversari politici, ma come nemici: e dunque come non-persone.

Al cospetto di tale pensiero, condiviso da molti, verrebbe da scomodare l'artista Mino Maccari che, come raccontato da Ennio Flaiano in *La solitudine del satiro*, edito da Adelphi, un giorno se ne uscì con una constatazione impareggiabile: "Appena un mese fa parlavo con Mino Maccari. Che si fa? Niente, si aspetta Godot? No, si aspetta la rivoluzione. Chi dovrebbe farla, i fascisti? I fascisti – gli ho ricordato – sono una trascurabile maggioranza. Maccari ha precisato: il fascismo si divide in due parti: il fascismo propriamente detto e l'antifascismo". E dire che perfino Sandro Pertini – il partigiano diventato poi presidente della Repubblica che il 25 aprile 1945, ai rappresentanti del Comitato di Liberazione Nazionale che avevano cercato di ottenere la resa del Duce, aveva spiegato: "Con i fascisti non si discute, con ogni mezzo li si combatte" – il 5 febbraio 1983, otto anni dopo la tua morte, si sarebbe poi recato in visita privata al capezzale di Paolo Di Nella,[17] diciannovenne, anche lui preso a sprangate al capo come te, anche lui finito in coma come te, anche lui morto in seguito a quell'aggressione come te, con la differenza che lui non stava tornando a casa da scuola ma era intento ad attaccare manifesti del Fronte della Gioventù in viale Libia a Roma. Come riportato dal quotidiano "Il Secolo d'Italia" in un articolo a firma di Antonio Pannullo uscito il 9 febbraio 2017 e intitolato *L'assassinio di Paolo Di Nella a Roma ancora impunito dopo trentaquattro anni*, una ragazza di nome Marina si avvicinò in quell'occasione al presidente Pertini, e gli disse: "Questo è il frutto dell'odio che avete alimentato per quarant'anni! Ci stanno ammazzando tutti!". Pertini tacque: guardò in viso la ragazza, le posò una mano su una spalla e a capo chino si allontanò. Alla famiglia di Paolo Di Nella arrivò un telegramma di Enrico Berlinguer, che Luca Telese nel suo *Cuori neri* riporta per intero: "La morte del vostro giovanissimo Paolo, vittima di un'aggressione disumana, che ha scosso e sdegnato ogni coscienza civile, suscita anche il commosso compianto dei comunisti. Vi preghiamo di accogliere le nostre condoglianze e la nostra solidarietà". Giovanni Ferrara invece il 6 febbraio 1983 scrisse su "Repubblica": "Abbiamo i titoli per dire che per noi questa non è la morte di un fascista, ma la morte di un uomo. E di più: di dire che se questo scelse di dirsi fascista e concepì per la sua vita futura di vivere da fascista, ebbene, aveva il diritto di vivere così".

Il giorno dell'omicidio di Paolo Di Nella, destinato come quello di Francesco Cecchin[18] a restare impunito, erano passati otto anni dalla tua uccisione, all'indomani della quale le reazioni furono piuttosto diverse. Ma ci arriveremo.

A completare il quadro dello scenario in cui ebbe luogo il tuo omicidio, manca ancora un tassello. In quella prima metà degli anni Settanta, Milano era la città italiana dove secondo il famoso rapporto del prefetto Libero Mazza erano "da valutarsi in almeno 20.000 unità gli appartenenti a formazioni estremiste extraparlamentari di ispirazione maoista, nonché a movimenti anarchici e di estrema destra", formazioni accomunate al di là delle differenze ideologiche dallo "scopo di sovvertire le istituzioni democratiche". E se il capoluogo lombardo rappresentava il contesto urbano dove con più frequenza si registravano scontri di piazza, le iniziative per mettere fuori legge il Movimento Sociale Italiano si stavano moltiplicando in tutta Italia.

Quando il 14 luglio 1971 era stato nominato procuratore di Corte d'appello il dottor Luigi Bianchi d'Espinosa – che, già magistrato sotto il fascismo, era stato allievo di Pietro Calamandrei e apparteneva all'area azionista –, dalla strage di piazza Fontana non erano trascorsi neppure due anni. Nel frattempo c'era stata, il 22 luglio 1970, quella di Gioia Tauro, dovuta alla bomba che aveva fatto deragliare il Treno del Sole provocando sei vittime, lo stesso treno che due anni dopo avrei preso con la mia famiglia per tornare in Sicilia a Marsala, lì dov'era nato mio padre – e ricordo bene certi discorsi preoccupati degli adulti. Di lì a poco, ecco nel 1972 l'uccisione di tre carabinieri a Peteano da parte dell'ordinovista Vincenzo Vinciguerra, e poi ancora i quattro morti alla questura di Milano nel 1973, e nel 1974 la strage in piazza della Loggia a Brescia e le altre dodici vittime fatte dalla bomba su un altro treno, l'Italicus.

È così che uccidere un fascista, come già del resto nei mesi successivi al 25 aprile 1945 e tuttavia a distanza di trent'anni dalla fine della guerra, non fu più un reato.

Intanto, la strategia degli opposti estremismi non serviva solo al potere nostrano allo scopo di preservare se stesso, ma anche alle potenze vincitrici della Seconda guerra mondiale: agli Stati Uniti per controllare il Paese con il Partito Comunista più forte d'Occidente, e all'Unione Sovietica perché anche dal suo punto di vista l'ingresso del PCI al governo in un Paese della NATO era di fatto inconcepibile. Quanto alla Francia e all'Inghilterra, avevano i loro interessi nel Nordafrica e nel Medio Oriente, lì dove Enrico Mattei – morto in un misterioso incidente aereo nel 1962 – avrebbe voluto instaurare proficui rapporti con i Paesi produttori di petrolio: e un'Italia alle prese con tali e tanti problemi di politica interna poteva far comodo.

Ecco dunque l'intreccio perverso di interessi che accomunò queste potenze straniere, che stando a quanto desunto dalla Commissione Stragi giocarono sul suolo italiano la loro partita geopolitica attraverso i rispettivi servizi segreti, usando la struttura di Hyperion, il misterioso organismo parigino travestito da scuola di lingue che tra le altre cose aprì una succursale a Roma proprio nei giorni del sequestro Moro. E che dire dell'interesse israeliano di diventare il più fidato e dunque principale interlocutore degli USA nel Mediterraneo? L'instabilità italiana, che di fatto servì perversamente a stabilizzarla, faceva gioco anche agli interessi di Israele, che come si legge nell'audizione di Franceschini presso la Commissione Stragi offrì alle nascenti Brigate Rosse di fornire loro le armi: offerta che venne respinta al mittente ma che aveva un senso nell'ottica di destabilizzare il nostro Paese. Fermo restando che, secondo le conclusioni della Commissione, si trattò semmai di usare una strategia "stop and go" nel contrasto al terrorismo per garantire la continuità del potere. Era, insomma, un gioco ben più grande di quanto molti di voi ventenni degli anni Settanta potevate immaginare, quello che si giocava con le vostre vite e sulle vostre teste.

Già. Le vostre teste. La tua. Tu Sergio in effetti non fosti appeso a testa in giù. A te la testa la spaccarono a colpi di chiave inglese: come detto, modello Hazet 36. Tu eri solo. Loro in otto. E a lungo poterono contare sul fatto che non vi furono testimonianze che permettessero di risalire ai colpevoli. Ma, come abbiamo visto, i luoghi più di certi umani ricordano. E raccontano.

11

Il mio nome è via privata Ettore Paladini, ingegnere e professore al Politecnico di Milano dal 1900 al 1923 dopo essersi laureato con il massimo dei voti assieme a Giovan Battista Pirelli e aver partecipato alla Terza guerra d'indipendenza. Qua e là, ci sono case che provviste di giardino ospitano alberi. Mi piacciono gli alberi. Le loro foglie, quando cadono, si posano leggere su di me, non mi danno fastidio: sono anzi carezze per il mio asfalto. Comunque: nessuno, al di fuori dei residenti e dei loro amici e parenti, aveva mai sentito parlare di me. Poi quel giorno di marzo Sergio è arrivato sul suo Ciao, diretto a casa, in via Giovanni Antonio Amadeo, che mi è perpendicolare, e da cui spuntava quando andava a dare una mano in parrocchia o al campo da calcio per giocare a pallone con gli amici. Io a quelli che lo aspettavano li avevo visti. E se solo avessi potuto parlare, o farmi sentire in qualche modo, avrei avvertito quel ragazzo che avevo conosciuto bambino: portato sul passeggino dai genitori, e poi per mano alla materna e alle elementari. Quante volte era uscito di casa con aria sognante, chissà dov'era diretto, a che cosa pensava. Certi giorni, se era piovuto, pestava forte i piedi nelle pozzanghere. In altre occasioni prendeva a calci un sassolino, come se fosse un pallone. Ricordo la sua espressione di stupore e di gioia quando una mattina andando a scuola aveva imparato a fischiare. Poi lo avevo visto crescere. Come tanti suoi coetanei, aveva iniziato a portare i blue jeans e i capelli lun-

ghi. E che felicità per quel motorino. Mi percorreva avanti e indietro, come prima aveva fatto correndo o sul triciclo o sulla bicicletta. In sella al suo Ciao tornava un po' bambino. Talvolta fischiettava qualche canzone di Celentano. Anche quel giorno. Poi li ha visti. Deve aver capito subito. Ma a quel punto era troppo tardi. Lui era solo. Loro lo hanno circondato. Gli sono saltati addosso in due. Lo hanno buttato a terra e colpito alla testa con quelle chiavi inglesi, più volte. Sergio urlava, cercava di proteggersi. Ma loro continuavano. Poi qualcuno ha gridato e quelli sono corsi via. Su di me è rimasto Sergio. La sua testa spaccata. Il suo sangue. Non me lo posso dimenticare. Da quel giorno sono diventata una via sulla bocca di tutti, o se non di tutti di tanti. Ne avrei fatto a meno. Ricordo i soccorsi, la polizia, i vicini, i curiosi. Ricordo la mamma e il papà di Sergio, la sorellina. Ricordo le loro lacrime, il loro dolore. Il sangue di Sergio lo hanno asciugato con la segatura, ma ci sono volute molte piogge prima di lavarlo via dall'asfalto. Per la mamma e il papà di Sergio e per sua sorella non se n'è mai andato. Era sempre lì, ogni volta che uscivano di casa o rientravano. La mamma l'ho vista uscire e rientrare ogni giorno per quarantotto giorni. Usciva in lacrime e tornava in lacrime. Camminando pregava. Poi il funerale. Quel giorno venne tanta gente, e portò tanti fiori. Sergio che anziché correre o cantare sul suo Ciao se ne stava disteso in quella bara. Altre lacrime, altro dolore. Il papà di Sergio quel dolore lo ha schiantato, pochi anni dopo. Non ce la faceva più a vedere quella pozza di sangue lì dove la pioggia l'aveva lavata via. Quando usciva di casa per andare al lavoro si fermava lì, chinando il capo, sembrava avesse un peso enorme sulle spalle. Oggi che anche la mamma di Sergio se n'è andata, di quel sangue e di quelle lacrime e di quel dolore resta memoria nella sorella, e negli amici di Sergio, in chi lo ha conosciuto. Lì dov'è stato ferito a morte hanno messo una corona di fiori e una targa, e sotto hanno scritto CIAO SERGIO. Ogni anno, per l'anniversario della morte, in tanti si danno appuntamento lì per la cerimonia del "Presente!". Tra loro si chiamano camerati. Per loro Sergio era ed è un camerata. Per me, invece, Sergio era un bambino che un giorno vidi felice perché aveva imparato a fischiare e poi un adolescente che tornava a casa scarmigliato al termine di una partita di calcio. Lo vedevo raggiante quando si precipitava in strada perché al citofono aveva sentito la voce di Flavia, la sua ragazza. Nessuno, al di fuori dei residenti e dei loro amici e parenti, aveva mai sentito parlare di me. Avrei preferito restare quello che ero, una via come tante, intitolata a un uomo ormai dimenticato.

Tu, Sergio, agli occhi di molti tuoi coetanei e non che rispetto a te stavano dall'altra parte non eri una persona, ma un "fascio". In quanto tale la tua eliminazione fisica rientrava nell'ordine delle cose. Appartenevi a un gruppo umano ritenuto indegno di esistere e perciò da cancellare dalla faccia della Terra. Come "fascio", e dunque assimilabile a un topo di fogna, non appartenevi alla specie umana. Una volta scoperta la tua iscrizione al Fronte della Gioventù, eliminarti era oltre che legittimo addirittura doveroso. In più, la tua eliminazione fisica rientrava nell'idea della continuazione della Resistenza. Era dunque un imperativo etico, morale, per ogni vero antifascista militante. Dopo la tua morte, sui muri nei dintorni di casa tua, comparvero delle scritte:

SERGIO RAMELLI ADESSO SEI DIVORATO DAI VERMI.

Oppure:

10, 100, 1000 RAMELLI CON UNA RIGA TRA I CAPELLI.

Tua madre ebbe a dire: «Perché accanirsi tanto? Lo volevano morto e l'hanno ucciso, ma non gli bastava neanche quello. Hanno voluto infierire, tormentarci, farci impazzire». L'odio infatti non si placò. Al contrario. All'indomani di quei quarantotto giorni di coma intercorsi tra il 13 marzo e il 29 aprile 1975, nelle piazze milanesi ma non solo si gridò anche:

TUTTI I FASCISTI COME RAMELLI, CON UNA STRISCIA ROSSA TRA I CAPELLI!

E anche:

HAZET 36, FASCISTA DOVE SEI?

Lunghe quarantacinque centimetri, le Hazet 36 pesano tre chili e mezzo. Servirebbero a riparare le condotte del metano ma vengono usate anche in carrozzeria. Per avvitare e svitare bulloni. Ma non solo: in quegli anni erano diventate l'arma preferita dei servizi d'ordine delle varie sigle extraparlamentari di sinistra. Chi le usava in quel modo le nascondeva dentro il loden o nell'eskimo e camminava con passo fermo, talvolta perfino baldanzoso, si sentiva sicuro per il solo fatto di averle con sé. E chi ti ha ucciso si è sentito sicuro fino al processo in cui a distanza di anni è stato condannato per la tua morte. Perché a un certo punto il muro di omertà che avevano eretto i tuoi assassini s'incrinò. Ma prima di arrivare a questo, riprendiamo il filo dai mesi che precedettero quel 13 marzo 1975.

Stavi con questa ragazza, Flavia, che avevi presentato a tua madre Anita. Non era una tua compagna di scuola. Era la figlia del preside di un altro istituto, che aveva avuto problemi con gli studenti di sinistra. Anche lei frequentava la sede milanese del Fronte della Gioventù. Con lei ascoltavi musica, mangiavi il gelato, passeggiavi mano nella mano. L'ultima volta che eravate andati al cinema avevate incontrato Ignazio La Russa, conosciuto in via Mancini alla sede dell'MSI. Un tipo simpatico. Anche lui con i capelli lunghi e innamorato dell'epopea degli indiani d'America. Non potevi immaginare che sarebbe stato l'avvocato della tua famiglia nel processo intentato contro i tuoi assassini. A Flavia raccontavi quanto stavi vivendo. In quei primi mesi del 1975, l'ITIS Ettore Molinari a cui ti eri iscritto tre anni prima nella sezione I per studiare chimica industriale era percorso dalle stesse tensioni che si respiravano presso l'ITIS di Sesto San Giovanni a cui era iscritto Walter, e più in generale in un gran numero di istituti superiori e atenei italiani: tensioni, va da sé, di natura politica. Inaugurato nei primi anni Sessanta, il Molinari era considerato un luogo a rischio da parte delle forze dell'ordine, poiché aveva una struttura architettonica che non permetteva a queste di intervenire efficacemente in caso di disordini al suo interno. Nel 1997 tua madre Anita raccontò al giornalista Guido Giraudo che avevi scelto l'istituto tecnico perché amavi la matematica e la chimica. "Sergio era bravo a scuola e qualche volta a casa avevamo parlato del suo futuro: avrebbe voluto iscriversi alla facoltà di Chimica. Aveva sempre avuto dei bei voti, anzi, a dire il vero, qualche volta gli avevano annullato dei compiti di matematica perché li aveva passati ai compagni. Anche questo nessuno lo ha mai detto. Sergio era generoso, allegro, aveva degli ottimi rapporti con i compagni di classe... finché non ci si mise di mezzo la politica e l'odio arrivò a contagiare anche i vicini di banco. L'ultimo anno al Molinari fu tremendo." Tu, nonostante fossi consapevole che all'interno del tuo istituto – come di tanti altri – idee come le tue non fossero tollerate dalla stragrande maggioranza del corpo studentesco, non avevi esitato a esporle in occasione di quel tema libero assegnato dal tuo professore di lettere: non ti eri limitato a condannare l'uccisione a Padova da parte delle BR di Giuseppe Mazzola e Graziano Giralucci ma avevi anche stigmatizzato le forze politiche dell'Italia democratica, che si erano guardate dall'esprimere un cordoglio istituzionale nei confronti delle vittime, assassinate presso la sede dell'MSI della città veneta. Il tema venne sottratto al tuo compagno incaricato di portare tutti gli elaborati al professore, che nel frattempo aveva lasciato la classe, e affisso nella bacheca scolastica accompagnato dalla scritta: ECCO IL TEMA DI UN FASCISTA. Fu questo il capo d'accusa nel processo politico che gli studenti di sinistra del Molinari organizzarono nei tuoi confronti. E, una volta preso di mira in quanto "fascio", venisti ripetutamente aggredito.

La mattina del 13 gennaio 1975, due mesi esatti prima dell'agguato, all'uscita da scuola trovasti ad aspettarti un'ottantina di ragazzi, molti dei quali più grandi di te e neppure iscritti al Molinari. Ti fermarono, ti circondarono, ti spintonarono, e ti obbligarono a impugnare un pennello e a intingerlo in un secchio di vernice bianca. Dopodiché ti obbligarono a cancellare alcune scritte fasciste comparse sul muro esterno dell'istituto. Si trattò di una vera e propria gogna pubblica: e nessuno dei tanti presenti, tuoi coetanei o professori, mosse un dito per aiutarti. Quel giorno fosti anche fotografato, ma non allo scopo di immortalare la punizione riservata a un "fascio": ne avevano già in mente un'altra, e quegli scatti sarebbero serviti a farti individuare più facilmente da chi se ne sarebbe occupato. Quando tornasti a casa, sporco di vernice, tua madre ti chiese che cosa fosse successo. Tu le rispondesti: «Niente, c'erano delle scritte e hanno voluto che le cancellassi». Sempre a Guido Giraudo tua madre avrebbe poi raccontato: "Non voleva allarmarci, metterci in apprensione".

Quando non uscivi con Flavia o non giocavi a pallone, ti chiudevi in camera a leggere. "Oltre alle letture scolastiche gli piaceva tanto leggere libri di politica. Non che ce ne fossero molti in giro. Penso che li trovasse alla sede dell'MSI. Anzi ricordo che un giorno, quando era ricoverato dopo un incidente, perché si era rotto una gamba, si era fatto portare dei libri dalla federazione e io volevo nasconderglieli... a quei tempi bisognava avere paura di tutto: bastava avere in tasca 'il Giornale' piuttosto che 'l'Unità' per essere picchiati."

Già: era capitato una domenica mattina del novembre di due anni prima in piazzale Piola a due passanti intercettati da una ventina di ragazzi del servizio d'ordine di Avanguardia Operaia, reduci da un presidio antifascista contro una sezione dell'MSI. Uno dei due aveva con sé la copia di un quotidiano di destra, "La Notte", e per questo era stato aggredito. Dato che l'amico aveva cercato di difenderlo, entrambi erano stati feriti a colpi di chiave inglese. Tra gli aggressori, un tuo compagno di classe nella quinta I del Molinari, tale Di Palma, e due degli otto che poi ti tenderanno l'agguato mortale, Walter Cavallari e Giovanni Di Domenico, arrestati poco dopo in zona Città Studi e trovati in possesso di chiavi inglesi. Interrogato dal magistrato di turno sul perché delle macchie di sangue sui suoi pantaloni, il Di Domenico rispose: «Sa, signor giudice, ho l'abitudine di mangiarmi le unghie». I due vennero assolti, e come riportato da Luca Telese in *Cuori neri* chiesero anche la restituzione delle loro chiavi inglesi.

La pratica della "rappresaglia preventiva" messa in atto da coloro che avevano scelto di incarnare l'antifascismo militante si basava naturalmente anche sull'aspetto dei ragazzi che stavano a destra della barricata. Da questo punto di vista, tu Sergio ti sottraevi allo stereotipo del sanbabilino, fatto di occhiali a goccia Ray-Ban, giacche mimetiche da paracadutista della Folgore, stivaletti a punta. Piazza San Babila era diventata famosa come covo di "fasci" dalla lama facile non solo a Milano ma in tutta Italia: girare armati ed evitare di farsi sorprendere da soli era l'unica strategia possibile per cercare di sfuggire ai commando dei vari servizi d'ordine della sinistra extraparlamentare e alle loro chiavi inglesi.

12

Io mi chiamo piazza San Babila grazie alla basilica omonima di cui anticamente non ero altro che il sagrato. In realtà, infatti, all'inizio non ero proprio una piazza, al massimo mi si sarebbe potuta definire un largo. Corso Vittorio Emanuele II mi collega a piazza del Duomo per mezzo di una serie di portici e vetrine di negozi e bar richiamando una folla che non sa di essere qui da sempre, cambiano solo le facce, gli abiti, le scarpe e le acconciature, dal mio punto di vista preferivo quelle di un tempo, come preferivo l'antica Galleria De Cristoforis alla Galleria Ciarpaglini e le Case Veneziane demolite a metà degli anni Trenta per far spazio alla Galleria San Babila e a piazza Umberto Giordano: quelle finestre orientaleggianti ormai sparite dalla memoria dei milanesi erano così belle, sembrava di viaggiare fino alla Serenissima anche a me che invece non mi muovo mai. Sta di fatto che è stato durante i primi decenni del Novecento e il fascismo che sono diventata quella che sono oggi, più o meno, tranne per gli edifici danneggiati dai bombardamenti nel 1943, che toccò demolire e sostituire con altri, e per l'arrivo della metropolitana, tra la fine degli anni Cinquanta e l'inizio dei Sessanta. Da me nel dopoguerra si dava appuntamento la Milano bene, le sciure e i lorsignori: durante la stagione della Scala, specie all'epoca del Boom, era tutto un viavai di pellicce e paletot. Poi, qua dietro, in Galleria Passarella, il 31 maggio 1967 Elio Fiorucci aprì il suo negozio, e le figlie di sciure e lorsignori presero a vestire in modo più divertente. Quello stesso anno, al numero 13 di corso Monforte, aprì la nuova sede milanese della Giovane Italia, il movimento giovanile dell'MSI, che prima stava in via Serbelloni. Si era alla vigilia del Sessantotto, con le lotte studentesche e gli scioperi nelle fabbriche. Dopo gli anni del miracolo economico, arrivarono quelli della Contestazione. E quando dall'unione tra la Giovane Italia e il Raggruppamento Giovanile Studenti e Lavoratori, l'altra organizzazione giovanile dell'MSI, si arrivò nel 1971 alla fondazione del Fronte della Gioventù, a Milano ormai era già iniziata la caccia al "fascio". Pedinati, fotografati, schedati, i giovani neofascisti che non si riconoscevano più nelle posizioni del Movimento Sociale Italiano, ritenendole troppo borghesi, filoatlantiste e controrivoluzionarie, presero a darsi appuntamento qui. Erano in minoranza, sia rispetto ai loro camerati rimasti nell'alveo del partito, sia soprattutto rispetto ai giovani di sinistra, extra e non. E per di più erano anche facilmente riconoscibili, con quella fissa per i Ray-Ban a goccia e gli stivali a punta. Sta di fatto che diventai la loro roccaforte, e i bar nei dintorni, lo Harry's, il Quattro Mori, il Pedrinis, il Borgogna e il Motta, fecero da sedi per Maurizio Murelli e i suoi, che facevano a botte con gli studenti della vicina Università Statale, ma non solo, perché furono lui e l'altro sanbabilino – a un certo punto venne coniata questa parola – Vittorio Loi a finire sui giornali in occasione del giovedì nero di Milano, quando il 12 aprile 1973 il poliziotto Antonio Marino perse la vita in seguito al lancio di una bomba a mano SRCM Mod. 35 da parte del Murelli. Quel giorno a Milano in piazza Cavour avrebbe dovuto tenere un comizio Ciccio Franco, quello dei moti di Reggio, ma la questura, che in un primo momento aveva autorizzato la cosa, all'ultimo vietò l'evento. Si formò un corteo diretto verso la prefettura, intervenne il terzo reparto della Celere e dopo l'assalto alla Casa dello Studente di viale Romagna fu in via Bellotti che avvenne il lancio di quella e di un'altra bomba a mano. Antonio Marino, originario di Caserta, emigrato in Germania e arruola-

tosi in polizia dopo essere tornato in Italia, aveva ventidue anni. Fu così che l'MSI, nel tentativo di non venire associato a questo fatto di sangue e non perdere così gli elettori più moderati, promise una ricompensa di cinque milioni di lire a chi avesse denunciato i responsabili: e quando il segretario provinciale del Fronte della Gioventù Gianluigi Radice denunciò il Loi e il Murelli, tra i sanbabilini si accentuò la frattura con il partito della Fiamma. Sta di fatto che qui, poco dopo la morte di Sergio Ramelli, che da queste parti vidi giusto un paio di volte, iniziò il pedinamento di Alberto Brasili e della fidanzata Lucia Corna da parte di cinque dei ragazzi che si ritrovavano nei bar dei dintorni e che avevano notato quel ragazzo in eskimo perché aveva staccato da un palo della luce un adesivo dell'MSI. I due vennero accoltellati in via Pietro Mascagni, di fronte alla sede dell'ANPI; lui morì, lei si salvò per miracolo. Il regista Carlo Lizzani venne qui per girare un film sull'accaduto, San Babila ore 20: un delitto inutile. *Poi, gli anni Settanta sono finiti e hanno fatto posto agli anni Ottanta della Milano da bere. I sanbabilini sono stati sostituiti dai paninari, che magari votavano a destra ma che alla ribellione preferivano i Moncler e le Timberland. Poco per volta è cambiato il panorama. E da covo di fascisti sono diventata uno snodo tra le vie dello shopping, i portici di corso Vittorio Emanuele da una parte e il Quadrilatero della moda dall'altra. Così, non ho più molto da raccontare. Sono diventata infine un luogo qualsiasi, tra negozi e marchi di catena, simile a innumerevoli altre piazze italiane e non. Se oggi qualcuno pronuncia il mio nome, non è per pianificare un raid ma per darsi appuntamento da Starbucks o al Lego Store. E tutti i morti di quegli anni, intanto, stessero da una parte come dall'altra, se li son mangiati i vermi.*

A distanza di quarant'anni dalla tua morte, Saverio Ferrari – fondatore del sito Osservatorio Democratico sulle Nuove Destre, già membro della segreteria nazionale e addetto stampa di Democrazia Proletaria, poi passato a Rifondazione Comunista e all'epoca del tuo omicidio a capo della struttura universitaria di Avanguardia Operaia, condannato in via definitiva l'8 novembre 1991 a tre anni e tre mesi per l'assalto al bar Porto di Classe[19] – ha sostenuto di averti riconosciuto in una delle foto in bianco e nero scattate durante il giovedì nero di Milano, il 12 aprile 1973.

2 - LOTTA CONTINUA — Mercoledì 18 aprile

MILANO - Nelle tre foto l'immagine del fascista assassino?

Questa sequenza di foto, che pubblichiamo in esclusiva, sono state scattate a distanza di pochi secondi l'una dall'altra, verso le 18,20 di giovedì 12 aprile in piazza Tricolore. In esse è ritratto il gruppo dei fascisti al momento dell'esplosione della prima bomba a mano SRCM, che fu lanciata contro i poliziotti in piazza Tricolore da parte di un commando che poi si unirà al resto in piazza Oberdan. Le altre due bombe furono scagliate venti minuti dopo nella vicina via Bellotti, ed una di esse esplose squarciando il petto dell'agente Antonio Marino. Questi fotogrammi costituiscono un'altra prova eccezionale della responsabilità dei fascisti nella strage, ed a questo fine sono state consegnate ieri mattina alla magistratura. Nella prima foto si vede il gruppo dei fascisti un attimo prima dell'esplosione, in basso si nota il tetto dell'edicola davanti alla quale scoppiò la bomba a mano, ferendo al braccio un sottufficiale di PS. Sulla destra si vede chiaramente un fascista col giubbotto chiaro che impugna nella mano destra un oggetto cilindrico, impugnato come si impugnano le bombe a mano e cioè con le due dita che tengono ferma la spoletta. Poco più in alto si vede un fascista con in mano un sacchetto di plastica. Il particolare è di estrema importanza: secondo la testimonianza di Vittorio Loi, infatti, le bombe a mano erano portate dentro a un sacchetto dello stesso tipo, dal fascista Maurizio Murelli.

Nella seconda foto l'esplosione è già avvenuta (si vede, al centro, il chiarore del fumo). I fascisti scappano. L'ultimo con la borsa di plastica [illegible] lascia cadere la borsa. Ma nella terza foto, dove si scorgono i poliziotti che si avvicinano nella carica, la borsa è sparita. Ciò significa che il fascista, benché la carica stesse per sopraggiungere, è tornato indietro a recuperarla. E' la borsa delle bombe descritta dal Loi? Il fascista che la porta è il Murelli?

Manifestazione della «Maggioranza Silenziosa» del febbraio 1971, a Milano in piazza Duomo. Nella foto si vedono: con l'eschimo Pietro Ci[illegible], arrestato il 5 aprile 1969 per aver organizzato le Sam; in secondo piano, sotto lo striscione, Tommaso Staiti di Cuddia, che giovedì 12 era in consiglio comunale; col megafono Pietro De Andreis, detto Mario, che aveva capeggiato tutta la manifestazione, come le altre della maggioranza silenziosa.

Il bossolo e il proiettile, con l'iscrizione «7,65 GFL 71» trovati in via De Cristoforis (angolo corso Como) dopo l'assalto dei celerini in borghese della notte di giovedì 12 aprile contro la nostra sede.

Sta di fatto che, ammesso che uno dei ragazzi immortalati fossi davvero tu, che cosa dimostrerebbe la foto? Che come tanti altri militanti avevi semplicemente partecipato a quella manifestazione. Basta forse questo per giustificare il tuo omicidio?

Uno dei tuoi insegnanti, il professor Giorgio Melitton,[20] cercò di parlare con la tua classe di quanto ti stava accadendo. Ma il suo tentativo abortì subito: poco dopo l'inizio della discussione, la porta della quinta I venne spalancata da un certo Matteo, figura di spicco all'interno del collettivo di Avanguardia Operaia del Molinari. Il confronto auspicato dal professore diventò un monologo. «Con i fascisti non si parla» ribadì Matteo. Un tuo compagno ci tenne a precisare: «I fascisti in questa scuola devono strisciare lungo i muri».

Ma tu Sergio non volevi cambiare scuola. Pensavi che studiare al Molinari fosse un tuo diritto, indipendentemente dalle tue idee politiche. Pensavi che non dando corda a chi aveva iniziato a perseguitarti avresti potuto terminare gli studi diplomandoti nell'istituto che avevi scelto di frequentare quando eri ancora quattordicenne e non immaginavi di poter vivere l'incubo che stavi vivendo.

Ma la persecuzione continuò. Ogni sera andavi a dormire pensando a quello a cui saresti andato incontro l'indomani mattina. Ogni mattina uscivi di casa chiedendoti che cosa dovevi aspettarti varcando l'ingresso della tua scuola. Può un ragazzo appena diciottenne dover affrontare una cosa simile, giorno dopo giorno, per settimane, mesi? Da parte tua, avevi deciso di stringere i denti. Non intendevi dare a chi ti perseguitava la soddisfazione di ottenere il tuo ritiro da scuola. Ma anche se a casa continuavi a minimizzare, a un certo punto i tuoi genitori non ce la fecero più a saperti in pericolo. Quando vi ritrovavate a tavola per cena durante la settimana, o a pranzo la domenica, la conversazione prendeva sempre la stessa piega. «Devi cambiare scuola,

Sergio. Non è possibile andare avanti in questo modo. Siamo preoccupati per te. Lo vedi bene come stanno le cose. Quelli non ti mollano.» Tu cercavi una sponda in tuo fratello Luigi, più grande di te di un paio d'anni. «Papà e mamma hanno ragione, Sergio. Sono in troppi. Perfino la preside li teme, per questo nessuno a parte quel Melitton si è sognato di prendere le tue parti. E comunque hanno tappato la bocca anche a lui.» Tua sorella Simona, che con i suoi otto anni era la più piccola in famiglia, alla fine si univa a loro: «Anche io ho paura per te» ti diceva, abbracciandoti. «Facciamo passare le vacanze di Natale» insistevi tu. «Magari la smettono.»

Come trascorresti quel 25 dicembre 1974, senza sapere che sarebbe stato l'ultimo della tua giovane vita? Forse la sera della vigilia andasti con i tuoi alla Basilica dei Santi Martiri Nereo e Achilleo per la messa di mezzanotte, magari tenendo per mano Simona, eccitatissima per il fatto che una volta tanto le fosse permesso di non andare a dormire dopo aver visto "Carosello", e perché di lì a poche ore avrebbe potuto aprire i doni. Come trascorresti il giorno di Natale, senza sapere che non ne avresti più vissuto un altro? Dopo il pranzo in famiglia terminato come da tradizione con lo spumante e il panettone, uscisti con Flavia? E dopo esservi scambiati i regali andaste al cinema a vedere *La stangata*, con Paul Newman e Robert Redford, oppure *Inferno di cristallo*, ancora con Paul Newman e Steve McQueen? A che cosa pensavi seduto di fronte al grande schermo in quella sala buia, accanto alla tua ragazza? Provavi quel misto di rabbia e angoscia che assale chiunque venga messo all'angolo e si ritrovi costretto a temere per la propria incolumità? Di sicuro, avevi deciso di non far preoccupare ulteriormente i tuoi genitori. Vi volevate molto bene. Saperli in ansia ti faceva star male. Nei giorni successivi cercasti di concentrarti sullo studio: al di là di tutto, ti apprestavi ad affrontare gli ultimi mesi prima dell'esame di maturità, e ci tenevi a uscire con un bel voto. Ma una volta tornato a scuola, ti rendesti conto che non era cambiato nulla. Lo stillicidio continuava.

La scuola era ricominciata da poco. Una mattina, mentre eri seduto al tuo banco, un gruppo di ragazzi del collettivo extraparlamentare del Molinari fece irruzione nella tua classe e interruppe la lezione del professore di turno, zittendolo. Si avvicinarono a te, ti afferrarono, ti spintonarono, trascinandoti fuori nel silenzio assoluto dei tuoi compagni. Non uno intervenne in tuo aiuto. Nel corridoio il gruppo mise in scena una sorta di processo sommario. «Fascista di merda! Ti devi vergognare!» Ti sputarono in faccia, dicendoti che a scuola per i "fasci" non c'era posto, dovevi tornare nelle fogne. Quando infine ti mollarono, se ne andarono mettendo in chiaro una cosa: «Occhio Ramelli, con te abbiamo appena iniziato».

Ogni tanto ti trovavi ancora con gli amici per giocare a pallone sul campo dell'oratorio e ti cambiavi e infilavi le scarpe da calcio con i tacchetti per poi correre lungo la fascia e un compagno di squadra ti gridava: «Vai Sergio!», oppure: «Passala!». Ti tornavano in mente quei pomeriggi di quando bambino fingevi di essere Giacinto Facchetti e con il pallone tra i piedi in via Amadeo ti ripetevi: «Ed ecco Facchetti! Facchetti che dà il via al contropiede nerazzurro!». Dopodiché diventavi subito Mariolino Corso. «Facchetti passa la sfera a Corso. Corso dribbla uno, due, tre avversari. Corso scarta anche Sarti e punta la porta difesa da Colombo. Ecco Corso che si prepara al tiro. Corso tira! Ed è gol!» Dopo la partita vi fermavate a chiacchierare, sudati, stanchi, ma felici come quando eravate bambini per avere di nuovo giocato a pallone. Cambiandoti intercettavi le conversazioni tra i tuoi compagni di squadra: «Ehi, tra un po' compiamo diciott'anni e possiamo andare al cinema a vedere quel film con Gloria Guida!». Oppure: «Che peccato che Nastase ha battuto prima Barazzutti e poi Panatta in Coppa Davis...». Non parlavano di politica.

Per te quelli erano momenti preziosi, in cui almeno per un po' non pensavi a quello che avevi dovuto subire a scuola. Poi come tutti ti rivestivi, infilavi i jeans Bell Bottom e le Superga da basket, che costavano meno delle Converse All Star, e ti dicevi che no, non potevi continuare così. Dovevi smetterla di proteggere i tuoi tacendo quanto ti stava succedendo per non farli preoccupare. Dovevi dire loro come stavano davvero le cose. Cambiare istituto.

Fu così che, mentre su "Lotta Continua" e altrove proseguiva la campagna per mettere fuori legge l'MSI e nelle strade di Milano non cessava la caccia al "fascio", si arrivò alla mattina del 3 febbraio 1975: quella in cui tuo padre ti accompagnò al Molinari per sbrigare, con tuo grande dispiacere, le pratiche relative al tuo ritiro da quell'istituto. Lo avevi anticipato a qualcuno di cui malgrado tutto ti fidavi, all'interno della tua classe? Chissà. Sta di fatto che una volta all'interno della scuola trovaste ad aspettarvi due file di studenti disposte lungo il corridoio che portava alla presidenza: e questa volta, con te, venne aggredito anche tuo padre. Costretti a passare in quel budello urlante irto di braccia e di gambe, entrambi veniste presi a calci e pugni. E vedendo tuo padre che cercava di difenderti e di difendersi, tu cadesti a terra svenuto. Il professor Melitton e qualche suo collega provarono a scortarvi verso l'uscita, e per questo vennero malmenati a loro volta. La preside, sopraggiunta, sibilò a tuo padre: «Ma non vede che lei e suo figlio siete un motivo di turbamento per la scuola?».

Così tua madre Anita, nella testimonianza raccolta da Guido Giraudo: "Tutti e due furono presi a pugni e a calci, Sergio cadde svenuto e fu soccorso da un gruppo di professori. Ma poi anche quel momento passò, e noi iniziammo a sentirci più tranquilli. Sergio aveva persino ripreso gli allenamenti di calcio. Poi apparvero delle scritte: RAMELLI, FASCISTA, SEI IL PRIMO DELLA LISTA. Arrivarono anche delle telefonate anonime in cui facevano ascoltare *Bandiera rossa* e poi ci minacciavano. Ne parlavo con Sergio, ma lui diceva che si trattava di scherzi". E ancora: "Ci fidavamo di lui. Era un ragazzo autonomo, se la cavava da solo, aveva le chiavi di casa. Due anni prima gli avevamo comprato un vecchio motorino, poi, dopo che era stato investito da un'auto, gli comprammo il Ciao della Piaggio... quello che non è nemmeno riuscito a legare il giorno dell'aggressione. Quando lo togliemmo dal Molinari e lo iscrivemmo a un istituto privato andava a scuola alle due, mentre io invece all'una dovevo andare a prendere la bambina alle elementari di viale Romagna. Sergio andava a fare la spesa e scendeva in un bar qui vicino. Poi tornava a casa all'una esatta per il pranzo. Io preparavo tutto sui fornelli e gli dicevo: 'Quando torni dai tutto gas'. Fu proprio questa sua abitudine, la puntualità nel tornare a casa, a perderlo".

Non posso non pensare, a queste parole, al fatto che tu come Walter fossi tanto legato a tua madre. Ma sulla figura di tua madre, sul suo dolore e sulla sua dignità, tornerò tra poco.

I membri del servizio d'ordine di Avanguardia Operaia erano soprannominati "gli idraulici". Non perché sapessero riparare un lavandino, ma per l'uso sistematico delle chiavi inglesi modello Hazet 36 durante gli agguati realizzati nell'ottica della "rappresaglia preventiva". Per capirci: tra il 1972 e il 1977 a Milano si registrarono 140 aggressioni personali con lesioni provocate dall'uso di chiavi inglesi. Tra queste, ecco l'elenco delle vittime accertate nel giro dei due anni che precedono la tua uccisione, come ricordato da Luca Telese nel suo *Cuori neri*: il 26 gennaio 1973 lo studente Peter Walker andò in coma e morì dopo essere caduto dal motorino in seguito ai postumi dell'aggressione; il 18 marzo fu il turno di Carlo Viaggiano, che entrò in prognosi riservata; il 21 giugno fu quello di Danilo Siscovich, anche lui in prognosi riservata; il 15 ottobre la stessa sorte toccò a

Carlo Pincastelli; il 12 marzo 1974 fu Sergio Frittoli a essere ricoverato con fratture multiple al volto e al capo, avulsioni dentarie multiple, affondamento dell'osso frontale; il 27 novembre Giuseppe Costanzo finì in ospedale con una frattura cranica e prognosi riservata; il 25 gennaio 1975 fu Benito Bollati a riportare un trauma cranico e dorsale e la ferita di cinque dita. Quindi, dopo la tua aggressione quel 13 marzo, Sergio, ecco che nell'aprile vennero colpite altre sei persone: Rinaldo Guffanti, panettiere; Rodolfo Mersi, già invalido e mutilato a una gamba ma colpevole di essere iscritto alla CISNAL; Francesco Moratti; Cesare Biglia, avvocato ed esponente dell'MSI; e infine Piero Pizzorni, che, malgrado non fosse un "fascio" propriamente detto ma solo un giovane liberale, venne comunque sprangato. Tutti e sei furono ricoverati nel tuo stesso ospedale, nel tuo stesso reparto di neurochirurgia. Loro ne uscirono vivi. Tu no.

13

Lontano da tutto questo, immerso nella realtà rurale di un paesino come Grosso Canavese e del tutto inconsapevole del fatto che molto presto la violenza di quegli anni si sarebbe abbattuta anche sulla mia famiglia, portandoci via Walter, negli stessi giorni ricevetti per posta da lui un pacchetto indirizzato a me. Naturalmente quando me lo ritrovai tra le mani al ritorno da scuola ne fui entusiasta, e scoprii che conteneva un libro di grande formato composto da schede di cartoncino e intitolato *E quei briganti neri*. Il sottotitolo, alquanto lungo, recitava così: *1919-1940, la storia del popolo italiano dal fascismo alla guerra, raccontata ai ragazzi. Schede di didattica della storia. Secondo ciclo elementare, scuola media inferiore, serali e 150 ore*. Lì per lì mi chiesi se per caso in tutte quelle fotografie in bianco e nero avrei trovato nostro nonno, mio e di Walter, lo squadrista Giuseppe Tibaldi, che in camicia nera aveva partecipato appena diciottenne alla Marcia su Roma, l'unica occasione tra l'altro nella sua vita di operaio tessile in cui aveva lasciato la natia Nole Canavese per fare un viaggio tanto lungo, immagino a bordo di un treno in terza classe o forse di un camion, in compagnia di altri camerati, ex Arditi o giovani scavezzacollo come doveva essere lui per imbarcarsi in un'avventura del genere. Le schede di quel libro, che univano i disegni alle fotografie ai fotomontaggi al collage, raccontavano lo squadrismo, le lotte di strada con i lavoratori socialisti e comunisti, la Marcia su Roma e la presa del potere da parte di Mussolini, l'assassinio di Matteotti, la soppressione degli altri partiti, la guerra di Spagna, le leggi razziali, l'ingresso nel secondo conflitto mondiale al fianco della Germania. Credo che Walter me lo avesse mandato perché l'estate precedente mi aveva visto giocare con i soldatini dell'Afrikakorps. Quelli che avevano salvato mio padre. Eppure in tutti i film i tedeschi erano "i cattivi". Ma poteva essere stato "cattivo" ai miei occhi di bambino mio nonno materno, Giuseppe Tibaldi, che voleva tanto bene a entrambi e non solo giocava con me quando veniva a casa nostra ma mi regalava una grossa banconota da diecimila lire? Durante il Ventennio non aveva fatto altro che lavorare in fabbrica per mantenere la sua famiglia. Quante volte mia madre, che a suo padre era legatissima – ricordo nitidamente che la vidi svenire quando lui venne sepolto – mi aveva raccontato di come il 25 aprile 1945 i partigiani fossero venuti a prenderlo, di notte, a casa, per portarlo via e ammazzarlo dietro il cimitero di Nole Canavese, e di come lei e le sue sorelle e fratelli si fossero stretti a lui con la madre gridando ai partigiani che non lo avrebbero lasciato andare, e che se avessero portato via lui avrebbero dovuto portar via tutti? Quando a scuola la maestra Gemma Rita ci faceva cantare *Bella ciao* io pensavo al nonno, e a quella notte. E a mia madre che aveva cantato *Giovinezza* e *Deutschland über alles* e perfino l'*Horst Wessel Lied* durante la cerimonia dell'alzabandiera alla Colonia XXVIII Ottobre di Marina di Massa, lì dove per la prima volta in vita sua, benché figlia di un operaio, aveva provato la meraviglia di vedere il mare. Quando in televisione per qualche ragione passava un filmato Luce dove compariva Mussolini, lei a distanza di tanto tempo s'illuminava: «Guardalo lì, il Duce!». E dire che da bambina aveva visto con la zia Ada uccidere per rappresaglia tre giovani partigiani alla stazione di Nole, e non poteva dimenticare i frammenti di cervello di quei ragazzi sparsi sui binari. Mussolini, per lei e per chi come lei era vissuto all'epoca del fascismo, non era la macchietta ridicolizzata da tanta pubblicistica successiva e poi da certi film o serie televisive. Era una figura tragica, che prima dell'entrata in guerra era stata ammirata perfino da Winston Churchill e che in quelli che Renzo De Felice definì come "gli anni del consenso" seppe affascinare milioni di italiane e di italiani. Ma quando per la prima volta era andata a votare e aveva chiesto a suo padre se secondo lui dovesse barrare il simbolo del Movimento Sociale Italiano, lui aveva sorriso e le aveva risposto: «Ma no, Elisa, vota chi vuoi», e allora lei aveva votato, come poi mio padre, Partito Socialista. Nei racconti dei miei genitori, così come credo in quelli di tanti genitori di altrettanti bambini e ragazzi italiani nati tra gli anni Cinquanta e gli anni Sessanta, quando veniva rievocato il Ventennio ricorreva spesso una frase: "Il Duce ha sbagliato solo ad allearsi con Hitler. Se non lo avesse fatto, in Italia il fascismo ci sarebbe ancora oggi". Il fascismo aveva "fatto anche cose buone".[21] E citavano le pensioni, il sabato non lavorativo, le quaranta ore settimanali, le colonie estive per i figli degli operai, l'assicurazione contro gli infortuni sul lavoro... le radici di quel movimento d'altronde non erano forse socialiste, come socialista era stato Mussolini? Non era un fascismo "di sinistra" quello nato in piazza San Sepolcro e poi rinato con la Repubblica Sociale? Non era quel fascismo perfino più a sinistra di certa "sinistra" che sarebbe venuta dopo e avrebbe abbracciato la globalizzazione e il libero mercato?

Fammi allora tornare per un momento all'origine di tutto, Sergio, prima di raccontare i tuoi ultimi giorni di vita e quel che accadde dopo.

14

Io mi chiamo piazza San Sepolcro. In epoca romana, l'incrocio tra il cardo e il decumano, nonché Foro di Milano. Qui nell'anno del Signore 1030 venne edificata la chiesa di San Sepolcro, che mi diede il nome. Qui il 23 marzo 1919 Benito Mussolini fondò i Fasci Italiani di Combattimento, a cui aderirono reduci dalla Grande Guerra, soprattutto Arditi, e studenti infiammati dalle imprese di Gabriele D'Annunzio, in numero di circa cinquecento. A loro, da lì in poi chiamati sansepolcristi, Filippo Tommaso Marinetti dedicò un poema. Furono i sansepolcristi, al termine di una giornata di scontri con i socialisti, a dare l'assalto il 15 aprile di quell'anno alla sede del giornale "Avanti!", da cui proveniva lo stesso Mussolini, che lo aveva lasciato nel 1914 in ragione del suo interventismo. Nel Manifesto dei Fasci Italiani di Combattimento, pubblicato da "Il Popolo d'Italia" il successivo 6 giugno, si leggeva tra l'altro: "Italiani! Noi vogliamo: il suffragio universale con voto ed eleggibilità per le donne. La sollecita promulgazione di una Legge dello Stato che sancisca per tutti i lavoratori la giornata legale di otto ore di lavoro. I minimi di paga. La partecipazione dei rappresentanti dei lavoratori al funzionamento tecnico dell'industria. L'affidamento alle stesse organizzazioni proletarie della gestione di industrie e servizi pubblici. Una necessaria modificazione del progetto di legge di assicurazione sull'invalidità e sulla vecchiaia, abbassando il limite di età, proposto at-

tualmente a 65 anni, a 55 anni. Una forte imposta straordinaria sul capitale a carattere progressivo che abbia la forma di espropriazione parziale di tutte le ricchezze. Il sequestro di tutti i beni delle congregazioni religiose...". Poi, per quanto ne so io, molte di queste proposte restarono lettera morta, salvo essere recuperate con il Manifesto di Verona durante la Repubblica Sociale Italiana. Qui, presso il palazzo Castani dove oggi c'è il commissariato Centro della polizia di Stato, ebbe sede dal 1921 al 1924 il Partito Nazionale Fascista, e dal 1943 al 1945 il Partito Fascista Repubblicano. Da un balcone dell'edificio si affacciò il Duce quando tornò in visita a Milano il 1° novembre 1936. È qui da me, nel cuore di Milano, che è nato il fascismo. E a Milano il fascismo storico è finito. Oggi, dopo essere entrata nella Storia, sono una piazza come tante altre. Credo che la maggior parte delle persone che passano di qui non sappiano nulla della mia storia novecentesca: turisti ne vedo pochi, non essendoci negozi, e quei pochi mi ignorano tirando dritto per via Torino o per il Duomo. E dire che la via qua dietro, dove stanno i carabinieri, è intitolata non a caso alle Fosse Ardeatine. Se ricordo quel ragazzo, Sergio Ramelli? Certo. Un giorno passò di qui con il suo Ciao, si fermò qualche minuto guardandosi attorno, mi sembra che sorrise alla vista di quel balcone e se ne andò.

Il 28 febbraio 1975, due settimane prima della tua aggressione, si era tenuta a Roma la quarta udienza del processo per la strage di Primavalle, alla presenza del solo Achille Lollo, vista la latitanza degli altri due imputati, Manlio Grillo e Marino Clavo, nel frattempo fuggiti all'estero. Dopo l'udienza, nei pressi del palazzo di giustizia erano scoppiati scontri tra militanti di destra e di sinistra. Questi ultimi volevano impedire che il procedimento si svolgesse: per loro si era trattato di un regolamento di conti tra missini, o forse anche bruciare vivo un bambino di otto anni non era reato, se si trattava del figlio e fratello di "fasci". Al termine degli scontri, i manifestanti si erano diretti verso la sede missina di via Ottaviano per assaltarla. Mikis Mantakas, uno studente greco membro del FUAN che si era barricato dentro assieme ad altri ragazzi, era stato fatto uscire dalla portinaia dello stabile da una porta secondaria al numero 24 di piazza del Risorgimento: svoltato l'angolo con in pugno una cintura, intenzionato a recuperare con un suo camerata il controllo dell'ingresso della sezione, era stato freddato con una calibro 38 da Alvaro Lojacono,[22] che gli aveva sparato in piena fronte.

Di nuovo, ecco l'eco di quello slogan, "Uccidere un fascista non è reato". Ma se molti sanbabilini da tempo giravano armati, alla pari di altri ragazzi del Fronte o del FUAN, tu non intendevi entrare in quella spirale di violenza. Non ci pensavi nemmeno a procurarti una lama o una pistola. Ti ripromettesti di fare attenzione. Allo stesso tempo, però, non ritenevi né giusto né onorevole fare un passo indietro. In via Mancini, lì dove da ultimo era stato messo quello sbarramento fatto con cavalli di frisia e filo spinato, sembrava davvero di essere tornati ai giorni della guerra. Quando entrasti nella sede del Fronte, i tuoi camerati stavano preparando dei manifesti per l'uccisione di Mikis Mantakas. Tu non ci pensasti neppure un attimo: «Vengo anch'io con voi». E dato che nel frattempo eri diventato il fiduciario dell'organizzazione giovanile dell'MSI per Città Studi, fu lì che quella sera stessa ti spingesti con il tuo Ciao. Ti vide qualcuno?

In sezione, il giorno successivo, si parlò a lungo dei fatti di Roma. In un corridoio incontrasti un altro militante, Gianluca Bonazzi. Sapeva benissimo che eri stato minacciato, perciò ti sollecitò a essere prudente. «Tranquillo, sono un pesce troppo piccolo per essere pescato» gli dicesti. «State attenti a voi, piuttosto.» Da Buscemi Dischi in corso Magenta, un paio di mesi prima, avevi comprato il 45 giri di *Prisencolinensinainciusol*, l'ultimo singolo di Adriano Celentano. Era una canzone così diversa da tutte le altre dell'ex ragazzo della via Gluck. La prima volta che l'avevi sentita era stato alla radio, era la sigla di "Gran Varietà". Poi l'avevi vista cantare e ballare da Celentano e Raffaella Carrà a "Milleluci". Ti piaceva un sacco fischiettarla quando andavi in motorino.

Era il 9 marzo quando tu e tuo fratello Luigi entraste in un bar tabacchi in viale Argonne: inconsapevoli di essere tenuti d'occhio, dopo che vi avevano fotografati e schedati. Il tempo di consumare qualcosa, fare due chiacchiere, pagare il conto e uscire, anzi no: perché intanto davanti al locale si era radunata una ventina di ragazzi, eschimo verde e bandiere rosse. Tu e Luigi vi guardaste negli occhi. Che cosa potevate fare, in due contro venti? Ma quel giorno la fortuna era dalla tua, dalla vostra. Un'auto si fermò di fronte al bar tabacchi. Al volante c'era un amico di famiglia. Vi fece segno di salire a bordo. Tu e Luigi usciste di corsa, tra le urla dei compagni e lo sventolio delle bandiere rosse: «Fascisti, carogne, tornate nelle fogne!».

In quella che a questo punto era la tua ex scuola, dopo il rifiuto della preside di tenere un consiglio dei docenti in merito alle violenze che avevi subito, venne convocata un'assemblea studentesca. Nell'aula magna, intasata di ragazzi e ragazze, non erano pochi quelli che portavano un fazzoletto rosso al collo. Uno studente, seduto sulla cattedra posta su una pedana, decideva chi fosse autorizzato a parlare e per quanto. Gli interventi si susseguivano inneggiando alla lotta antifascista che doveva essere condotta senza se e senza ma all'interno di quell'istituto tecnico. A un certo punto, ebbe il permesso di parlare anche il professor Melitton. Esordì dicendo che questo modo di ragionare aveva prodotto un grave errore, le violenze commesse contro di te. Nell'aula magna scese il gelo. Ma subito gli rispose una professoressa iscritta ad Avanguardia Operaia:

«Gli episodi che si sono verificati nella nostra scuola sono parte della mobilitazione antifascista in atto nel resto del Paese». A quelle parole, scattarono gli applausi. La mattina successiva, un tazebao comparve sulla porta della sala professori. Il titolo era: "Ecco perché Sergio Ramelli è un picchiatore nero".

Fu allora che Roberto Grassi, uno dei responsabili del servizio d'ordine di Avanguardia Operaia, già iscritto al Molinari e che in quanto ex studente dell'ITIS ti conosceva di persona, si decise. Era arrivato il momento di occuparsi di te dando seguito alle minacce di cui eri oggetto. Nel corso di una riunione di cellula, si avvicinò a un universitario iscritto a Medicina, Marco Costa, matricola ma vicecapo del servizio d'ordine di quella facoltà. Perché scegliere lui? Semplice. La squadra di Costa era "pulita", non aveva ancora partecipato ad alcuna "rappresaglia preventiva". E oltretutto non la si poteva collegare a te in nessun modo. Dato però che Avanguardia Operaia era un'organizzazione rigidamente leninista, quel primo approccio informale non venne ritenuto sufficiente. Fu così un'altra figura apicale, Giovanni Di Domenico alias Gioele, a contattare il superiore di Marco Costa, Walter Cavallari, spiegandogli che si trattava di sprangare un "fascio" e che stavolta toccava a quelli di Medicina. Il Cavallari però non se la sentiva: nei giorni precedenti era stato incaricato di malmenare un ragazzo iscritto ad Agraria, ma dopo averlo aggredito era scappato. Anni dopo, nel 1987, come riportato dal quotidiano "l'Unità" il 1° aprile di quell'anno, racconterà al tuo processo: "Di Domenico mi disse che dovevo andare a sprangare un fascista. Non lo conoscevo, un altro compagno me lo avrebbe indicato. Avrei dovuto seguirlo, colpirlo davanti ad Agraria, poi ritirarmi verso Biologia. Io eseguii gli ordini, poi corsi a perdifiato, in preda al panico, senza nessuna ragione. Non c'era nessun pericolo, ma io, che mi consideravo un militante d'acciaio, mi resi conto di essere un fallito. Una cosa sono gli scontri di piazza, in mezzo agli amici, contro avversari armati come noi, un'altra è aggredire da solo una persona inerme". Fu dunque Costa a essere chiamato a sostituire quel compagno colpevole di non avere portato a termine come avrebbe dovuto la missione.

15

Si procedette militarmente. Una ragazza di Avanguardia Operaia, Brunella Colombelli, venne incaricata di spiare i tuoi movimenti e di segnarsi i tuoi orari. Le venne mostrata la foto che ti avevano scattato di fronte al Molinari, quella volta che ti avevano costretto a coprire di bianco le scritte sul muro della scuola. A quel punto, l'orologio che scandiva il conto alla rovescia della tua morte prese a ticchettare. La Colombelli eseguì: per diversi giorni, ben attenta a non dare nell'occhio e cambiandosi d'abito ogni volta, gironzolò nei pressi di casa tua. Quando ti riconobbe, non vide in te un suo coetaneo, una persona. Anche per lei, eri solo un "fascio". Giusto un poco strano, con quei capelli lunghi. In modo diligente, così da non deludere chi l'aveva scelta per quella parte nella tragedia che stava per compiersi, prese appunti. Tu, Sergio, non la notasti. Andavi e venivi sul tuo Ciao, che rispetto al vecchio motorino aveva una ripresina niente male. Sentirti il vento in faccia quando ti incuneavi nel traffico delle auto ti piaceva un sacco. All'incidente in cui ti eri rotto una gamba non pensavi più. Per fortuna non ti aveva impedito di riprendere a giocare a pallone. Tu scendevi di casa, prendevi il Ciao fischiettando una canzone di Celentano e partivi. Qualche ora dopo, tornavi e legavi il motorino sempre allo stesso palo. Con una mano ti ricomponevi i capelli e ti avviavi verso casa. Avevi fame. Chissà che cosa ti aveva preparato tua madre. Non facevi caso a quella ragazza.

Quella sera venne a cena a casa vostra il professor Melitton. Voleva parlare con voi. Nell'attesa che tua madre chiamasse tutti a tavola, vi accomodaste in salotto. Tuo padre stappò una bottiglia per l'aperitivo. Il professore si guardava attorno. Il vostro appartamento era simile a tanti altri della piccola borghesia. Anche se i tuoi votavano MSI non c'erano né busti del Duce né foto che lo ritraevano. Il tuo ex insegnante di lettere ti chiese come stavi. «Bene, grazie, professore» rispondesti. Poi, con un filo di imbarazzo, domandò a tuo fratello se fosse vero che anche lui era un militante di destra, come si sosteneva al Molinari. Luigi gli rispose che non era vero, e che i suoi compagni avrebbero potuto confermarlo. Il professore chiese allora a Luigi se sarebbe stato disposto a venire a scuola per smentire pubblicamente le accuse che gli erano state rivolte dopo l'affissione del tuo tema in bacheca, aggravando ulteriormente la tua posizione agli occhi di coloro i quali ti avevano perseguitato. Tuo fratello non ebbe alcuna esitazione: «Certo che sì». A quel punto tua madre vi raggiunse: «La cena è pronta». A tavola la conversazione filò liscia. Quando tu e tuo fratello accompagnaste alla porta l'ospite, lo salutaste "con aria felice", come poi scriverà lui. Il professore scese in strada senza sapere che quella si sarebbe rivelata come l'ultima volta che ti aveva visto vivo.

Due giorni prima dell'agguato, l'11 marzo 1975, Silvano Corvisieri scrisse sul "Quotidiano dei Lavoratori": "Abbiamo detto a chiare lettere che in una lotta politica così avanzata, come quella che vuole togliere ogni spazio ai fascisti, non è possibile evitare momenti aspri. Non è possibile pensare che la più larga unità militante si realizzi tutte le volte che ce n'è bisogno. È giusto, insomma, essere consapevoli della necessità di far fronte ai compiti dell'avanguardia.

Questo significa in concreto tentare di impedire a Rauti di parlare a Monteverde, e non farsi prendere dal panico se un fascista viene ucciso in circostanze poco chiare".

Il 12 marzo Brunella Colombelli accompagnò alcuni componenti della squadra di Medicina per un sopralluogo tra via Ettore Paladini e via Giovanni Antonio Amadeo, in un orario in cui sapeva che non ti avrebbero incrociato: una volta sul posto, indicò un punto della strada: «Ecco, è lì che il fascio lascia il motorino». I tuoi carnefici ne presero nota mentalmente. Poi si guardarono attorno. Bisognava studiare bene il territorio, individuare il luogo preciso in cui ti avrebbero aspettato con le chiavi inglesi, capire dove posizionarsi per sorvegliare tutti gli accessi alla via e impedirti un'eventuale fuga. Si trattava per loro della prima "rappresaglia preventiva" e volevano fare le cose per bene, guadagnarsi la fiducia e il rispetto dei capi, tornare a casa soddisfatti dopo aver sprangato un "fascio". Il primo di una serie, pensavano. Un rito di passaggio. Una medaglia da appuntarsi sul petto. Con i fascisti non si parla. Fuori i fascisti dall'università. Fascisti carogne tornate nelle fogne. L'unico fascista buono è quello morto. Piazzale Loreto ce l'ha insegnato uccidere un fascista non è reato.

Tu quella sera sedesti a tavola con i tuoi. Tua madre chiese a tuo padre com'era andata al lavoro nel bar di corso Buenos Aires. Tuo fratello ti prese un po' in giro, come faceva da quattro giorni a quella parte, da quando con la legge 39/75 la maggiore età era stata abbassata da ventuno a diciotto anni. «Oh, Sergio, adesso che sei maggiorenne per chi voti quest'anno? Va' che a metà giugno ci sono le elezioni regionali. Allora? Scommetto che sei indeciso tra Democrazia Proletaria e PDUP. Il Partito Comunista no, ora che vuol fare il compromesso storico con la DC è diventato troppo di destra.» Tu sorridesti. «Tra l'altro quest'estate mica ti puoi rilassare, prima hai la maturità, poi di sicuro ti arriverà la cartolina per il militare. E stavolta quella chioma alla Che Guevara te la devi tagliare, altrimenti ci pensano i barbieri con le stellette non appena metti piede in caserma.» Tua sorella Simona, seduta come sempre accanto a te, ti accarezzò i capelli che ogni tanto ti pettinava come se fossi una delle sue bambole. «No, a me Sergio piace così.» Luigi non ti mollava: «Ah, e devi anche prenderti la patente. Ma ce la fai a studiare la teoria? Guarda che i segnali stradali cambiano a seconda se sei in motorino o in macchina». In fondo alla sala da pranzo, il televisore era acceso ma nessuno lo guardava. Quando però dallo schermo in bianco e nero arrivarono immagini dal Vietnam, dove gli americani stavano perdendo la guerra, Luigi tacque. «Questa volta li rimandano a casa» dicesti. E non ti dispiaceva. Peccato che a farlo fossero dei comunisti. Che però combattevano per la loro terra, come gli indiani d'America: e già solo per questo si meritavano rispetto. A che cosa pensavi quella sera quando a un certo punto dopo cena salutasti tua madre e tuo padre, Luigi e Simona e andasti nella camera che condividevi con tuo fratello ad ascoltare un po' di musica? A Flavia? Alle sue mani? Al suo profumo? A lei e solo a lei avevi confidato le tue preoccupazioni, nei mesi scorsi. Non potevi immaginare che non l'avresti più rivista.

La mattina del 13 marzo i membri della squadra di Medicina si trovarono nell'auletta di Chimica in via Celoria. Roberto Grassi fece passare di mano in mano una tua fotografia. Usciti in strada, tutti avevano una chiave inglese modello Hazet 36 nascosta sotto l'eskimo o il cappotto. Ciascuno sapeva in anticipo che cosa avrebbe dovuto fare. Sbucati in via Ettore Paladini, Luigi Montinari e Claudio Colosio si appostarono di fronte a una vetrina. Claudio Scazza e Gianmaria Costantini presero posizione sul lato opposto. Antonio Belpiede e Franco Castelli raggiunsero il fondo della via, così da trovarsi pronti nel caso tu avessi tentato la fuga. Questi sei avevano il compito di coprire le spalle ai due incaricati di aggredirti, accertandosi che al momento dell'azione non si palesasse per caso una vettura delle forze dell'ordine o non arrivasse qualche tuo amico. I due, Marco Costa e Giuseppe Ferrari Bravo, si piazzarono davanti al portone di casa tua. Al tuo arrivo mancavano dieci minuti. Con i fascisti non si parla. Fuori i fascisti dall'università. Fascisti carogne tornate nelle fogne. L'unico fascista buono è quello morto. Piazzale Loreto ce l'ha insegnato uccidere un fascista non è reato. Con i fascisti non si parla. Fuori i fascisti dall'università. Fascisti carogne tornate nelle fogne. L'unico fascista buono è quello morto. Piazzale Loreto ce l'ha insegnato uccidere un fascista non è reato. Con i fascisti non si parla. Fuori i fascisti dall'università. Fascisti carogne tornate nelle fogne. L'unico fascista buono è quello morto. Piazzale Loreto ce l'ha insegnato uccidere un fascista non è reato.

L'orologio segnava l'una meno dieci quando arrivasti puntuale al tuo appuntamento con la morte. Chissà a che cosa pensavi, imboccando la via di casa. Non facesti neppure in tempo a legare il Ciao. «Eccolo!» disse Marco Costa a Giuseppe Ferrari Bravo. I due scattarono, le chiavi inglesi in pugno, osservati dal resto del commando. Tu capisti subito, tentasti di proteggerti la testa con le mani, ti mettesti a urlare. Fu inutile. I due iniziarono a colpirti. Costa ti tirò giù le mani, continuò a infierire. Tu cercasti di sottrarti alla violenza cieca di quei colpi, di scappare, di correre via, ma inciampasti nel motorino. Cadesti a terra. Costa ti rovinò addosso, colpendoti ancora. Una signora gridò: «Basta! Lasciatelo stare! Così lo ammazzate!». Marco Costa e Giuseppe Ferrari Bravo si diedero alla fuga, alla pari degli altri, nascondendo le chiavi inglesi sotto il cappotto. Tu rimanesti a terra sul marciapiedi. Dalla tua testa fuoriusciva una pozza di sangue. Ma non solo. Nel sangue c'erano dei frammenti, una specie di poltiglia chiara: materia cerebrale. In quella pozza di sangue, in quei frammenti di materia cerebrale, c'erano le tue idee. Idee che non avevi il diritto di avere e che per questo ti erano state così estirpate. Ti avevano aperto il cranio non perché avessi a tua volta aggredito uno dei loro ma perché non dovevi pensarla diversamente da loro. E facendolo in otto contro uno avevano usato un metodo che loro stessi definivano squadrista.

Ancora tua madre: "Ho dovuto ricordarla tante volte, quella mattina del 13 marzo 1975. Ero uscita di casa poco dopo mezzogiorno per andare a prendere la bambina a scuola, in viale Romagna. Quando sono tornata a casa verso l'una e un quarto, la prima cosa che ho visto era il Ciao di Sergio a terra, un capannello di gente, una gran confusione. Una vicina di casa mi ha strappato la bambina di mano gridando: Simona, resta con me!".

L'arrivo dell'ambulanza e della polizia. La corsa in ospedale. Ti portarono al Policlinico, davanti alla Statale. Fosti sottoposto all'intervento ricostruttivo del cranio. Non bastò a salvarti la vita. Che cosa pensasti dopo l'operazione e poi durante tutti quei giorni e quelle notti di agonia? Non ci è dato saperlo, e anche l'immaginazione talvolta deve sapersi fermare sulla soglia del rispetto per la sofferenza altrui. La squadra capitanata dal Costa, rientrata in facoltà, depositò le chiavi inglesi nel nascondiglio che fungeva da arsenale.

Tua madre: "Non dimenticherò mai, per tutta la vita, di quando l'hanno portato all'ospedale. Gli amici di Sergio non potevano nemmeno andare a trovarlo perché il Policlinico era proprio davanti alla Statale, e i rossi erano sempre là davanti. Tennero anche loro un presidio: non erano tanti, ma erano lì apposta per vedere le facce di quelli che salivano da lui. Sergio d'altronde non poteva essere visto da nessuno. Io stessa, all'inizio, lo vedevo solo attraverso le fessure delle veneziane della camera di rianimazione. Il dottore mi spiegò subito che, purtroppo, essendo Sergio destro e non mancino, sarebbe andato incontro alla sicura paralisi e al mutismo perché gli avevano colpito i centri nervosi più importanti proprio di quel settore cerebrale. Un giorno incontrai anche l'anestesista e mi dichiarò che non aveva mai visto nulla di così spaventoso".

Quando la sera il consigliere missino Tomaso Staiti Di Cuddia citò in consiglio comunale la tua aggressione da parte di estremisti di sinistra, si levarono colpi di tosse e addirittura applausi. Il sindaco Aniasi tentò di riportare la calma: «Nessuno può applaudire ad atti di violenza. L'antifascismo non si fa in questo modo».

Quando si diffuse la notizia che eri entrato in coma, quale fu la reazione dei tuoi aggressori? Vedremo più in là che cosa sostennero al processo. Di sicuro, nessuno di loro decise di costituirsi. Al contrario, cercarono di tenere nascosta la loro partecipazione al raid punitivo. Ma quanti tra coloro che gridavano in piazza e scrivevano sui muri che uccidere un fascista non era reato dovettero invece rallegrarsi? Uno di meno, non si diceva così? In quanti avranno pensato che te l'eri meritato? Anzi, che dovevi morire. Non era la nostra una Repubblica nata dalla Resistenza e fondata sull'antifascismo? Non era l'antifascismo militante il solo modo per continuare la lotta partigiana? Non si trattava di rispondere colpo su colpo alle bombe fasciste? Che differenza c'era del resto tra un missino e un "fascio"? Tutti i missini erano "fasci". Tutte le bombe venivano messe dai "fasci". Dunque era lecito ammazzare i "fasci". Tu in quanto iscritto al Fronte della Gioventù eri un "fascio". Chi ti aveva aggredito era nel giusto. Non andava perseguito. Aveva solo fatto il suo dovere di partigiano. In quanto "fascio" e dunque non-persona, darti la morte non era altro che un servizio reso alla comunità antifascista. E democratica.

Mentre scrivo mi chiedo che cosa pensò Walter quando venne a sapere della tua aggressione, del fatto che finisti in coma, e successivamente della tua morte. Sinceramente, ho paura della risposta. Però ricordo che la mamma di Walter, anni dopo, si riferiva a te come al "povero Ramelli", credo anche perché doveva sentire una vicinanza nei confronti di tua madre che come lei aveva perso sotto casa un figlio tanto giovane, la casa in cui era stato bambino. E se tu e lui vi incontraste oggi, voglio credere che tutto sarebbe diverso, anche se le vostre idee fossero le stesse. So bene che ancora oggi sono in molti a rifiutare ogni ipotesi di riconciliazione. Ma che ne sanno, loro? Loro sono vivi. Voi siete morti.

Come me lo sono chiesto per Walter, me lo chiedo ora per te: che cosa pensasti prima di morire? Quali immagini attraversarono la tua mente nel corso della lunga agonia che ti condusse alla fine in quel letto d'ospedale, in cui istanti di lucidità si alternavano al coma? Avrai certo recuperato dalla memoria frammenti della tua giovane vita. Il viso di tua madre. Quelli di tuo padre, di tuo fratello e di tua sorella. I giorni di vacanza. La luce che entrava in cucina la domenica mattina. Il vento d'estate quando sfrecciavi sul tuo Ciao per le strade di Milano. Le partite di calcio con gli amici. Flavia. Che ti venne a trovare in lacrime, ma tu non potevi saperlo: il buio che ti aveva inghiottito te lo impediva. Tua madre doveva poi raccontare a Guido Giraudo: "Flavia la conoscevo, me l'aveva presentata. Era presente il giorno del funerale. Si è fatta vedere spesso anche dopo: un giorno è venuta a trovarmi con i suoi genitori. Doveva volere molto bene a Sergio e fu talmente scossa dalla sua morte da scegliere di dedicarsi al volontariato: credo che ancora oggi dia una mano alla mensa dei poveri".

Scrisse il quotidiano "La Notte" il giorno successivo, 14 marzo 1975:

"Gli hanno sprangato la testa perché era di destra. Tra la vita e la morte lo studente picchiato con sbarre di ferro.

È stato aggredito da alcuni giovani della sinistra extrapar-

lamentare sotto casa, in via Amadeo – Se sopravvive, il Ramelli resterà muto.

Le condizioni di Sergio Ramelli, lo studente diciannovenne[23] bestialmente aggredito ieri da alcuni estremisti di sinistra armati di chiavi inglesi, sono stazionarie. Il ragazzo è stato sottoposto a un intervento chirurgico durato cinque ore, nel corso del quale i medici gli hanno ricostruito una parte della calotta cranica e della membrana cervicale. Al termine Sergio Ramelli è stato trasportato nel reparto rianimazione con prognosi riservata. Ora è in coma profondo. La sua vita è appesa a un filo e nel corso della nottata lo studente non ha mostrato segni di ripresa; scarsissimi i segni di attività cerebrale. L'elettroencefalogramma cioè è quasi piatto. I colpi dei suoi feroci aggressori sono stati di una violenza tale da ledere il cervello: se sopravvivrà Ramelli resterà probabilmente muto. L'ufficio politico della questura, frattanto, sta conducendo le indagini per accertare l'identità degli aggressori. In particolare vengono condotti accertamenti tra gli studenti del Molinari. Si sa che ieri mattina un centinaio di ragazzi dell'istituto avevano abbandonato la scuola per inscenare una manifestazione davanti al provveditorato. Molti sono tornati a scuola, ma fra coloro che hanno preferito non rientrare ve ne sono tre della quinta I, la stessa che Sergio Ramelli frequentava fino al febbraio scorso. L'aggressione comunque non ha praticamente avuto testimoni, se si eccettua un'anziana donna che ha visto qualcosa da una finestra ma che poi non è stata in grado di raccontare come esattamente si siano svolti i fatti alla polizia. Si è appreso comunque che lo studente che abita in via Amadeo 40 con il padre Mario, 47 anni, la madre Anita Pozzoli, 49 anni, ed i fratelli Luigi di 20 e Simona di 8, ieri, dopo aver parcheggiato il suo motorino in via Paladini, si era diretto verso casa quando, all'angolo con via Amadeo (era l'una e tredici), alcuni giovani armati di chiavi inglesi (il numero non è stato accertato), gli sono balzati addosso colpendolo selvaggiamente al capo. Sergio Ramelli si è accasciato al suolo, ma i teppisti, trasformando il pestaggio in un vero linciaggio hanno continuato ad infierire, mentre il volto si copriva di sangue che usciva abbondantemente da una vasta ferita al capo. Quindi la fuga. Il ragazzo è stato visto solo dopo qualche minuto da un commesso che ha avvertito la portinaia dello stabile nel quale abita, da 22 anni, la famiglia Ramelli, Graziella Zacchia. La donna quando ha visto il volto del ragazzo ha cacciato un urlo, portandosi le mani al viso, ed è corsa quindi a chiamare la polizia e un'ambulanza. Lo studente, che perdeva materia cerebrale, è stato quindi trasportato con un automezzo della croce Santa Rita al Policlinico. Qui sono giunti poco dopo i genitori con il figlio maggiore, Luigi, che hanno atteso per cinque lunghe ore la fine dell'intervento chirurgico. Quando Sergio Ramelli è stato trasportato nel reparto rianimazione il padre e la madre sono tornati a casa. All'ospedale invece sono rimasti Luigi Ramelli con la ragazza di Sergio, una giovane minuta, in lacrime, ed un gruppo di amici accorsi per avere notizie. Sergio Ramelli, che era fiduciario del Fronte della Gioventù al Molinari, era stato aggredito già in altre occasioni. Nel gennaio dello scorso anno era stato sottoposto a processo durante un'assemblea e, definito fascista, era stato espulso dall'istituto. Questo fatto aveva indotto il padre del ragazzo a trasferirlo in una scuola privata, dove frequentava il biennio quarta-quinta e si preparava all'esame per perito chimico. Sull'accaduto il Fronte della Gioventù ha emesso un comunicato nel quale denuncia 'l'odiosa e bestiale aggressione contro un suo militante che una banda armata marxista ha colpito sotto casa riducendolo in fin di vita'. Il MSI-DN dal canto suo, in un altro documento richiama 'le autorità sulla non tollerabilità del banditismo di sinistra che ogni giorno insanguina con imprese criminali la città'."

Su "Avvenire" la notizia venne riportata così:

"Altri due gravi episodi di violenza politica ieri a Milano. Un giovane di estrema destra è stato aggredito e picchiato a colpi di spranghe e si trova ora ricoverato in fin di vita al Policlinico di via Sforza. Un altro neofascista è stato aggredito nei pressi dell'Università Bocconi, ma le sue condizioni non sono gravi. Il primo si chiama Sergio Ramelli, diciannovenne, abitante in via Amadeo 40, simpatizzante per un movimento neofascista e già noto estremista. Poco prima delle 13 di ieri, mentre tornava a casa da scuola, è stato avvicinato in via Paladini da cinque o sei giovani aderenti a un movimento di opposta fazione politica. Gli aggressori, tutti armati di mazze e spranghe di ferro hanno circondato il Ramelli e lo hanno selvaggiamente picchiato, abbandonandolo poi sul marciapiede. Soccorso da alcuni passanti, il giovane neofascista è stato accompagnato da un'autoambulanza della Croce di Santa Rita all'ospedale Fatebenefratelli. Qui i medici lo hanno immediatamente sottoposto ad un intervento chirurgico alla volta cranica completamente fracassata. La prognosi è ovviamente riservata. Sergio Ramelli aveva frequentato fino a qualche tempo fa l'istituto Molinari dove si era particolarmente distinto in imprese di marca fascista. Proprio in seguito a questi episodi era stato espulso dalla scuola e, da circa un mese risulta iscritto in un istituto privato. Aldo Maletto, 22 anni, abitante a Varese in via Cavour è stato invece aggredito ieri mattina nei pressi della Bocconi. Trasportato al Fatebenefratelli è stato giudicato guaribile in cinque giorni."

Da notare il modo in cui fosti descritto: in realtà non eri un "noto estremista", al contrario venivi considerato da tutti un ragazzo mite; non ti eri mai distinto all'interno della scuola per "imprese di marca fascista"; non eri stato espulso da scuola, ma al contrario i tuoi genitori ti avevano fatto trasferire dopo che eri stato processato in classe, picchiato e minacciato; ma il fatto che fossi iscritto al Fronte della Gioventù – organizzazione giovanile di un partito che nonostante tutto continuava a sedere in Parlamento – faceva automaticamente di te un "simpatizzante di un movimento neofascista".

Il "Corriere della Sera" scrisse il 15 marzo:

"L'atto di criminalità, l'ennesimo compiuto da un commando che ha colpito selvaggiamente un giovane neofascista, richiama ed esprime soltanto la celebrazione di una violenza che non può avere nulla di politico. È una violenza senza alibi, senza veli, che ritorna periodicamente e che condannare con le parole o i documenti non può soddisfare l'esecrazione di tutti gli autentici antifascisti e di tutti i cittadini. Chi ha colpito vilmente fino a fargli sfiorare la soglia della morte un ragazzo già 'processato' ideologicamente nell'istituto Molinari ha riconfermato la vocazione esclusivamente criminale di taluni gruppi di ultrà di sinistra. Chi ha scagliato le spranghe di ferro si è posto al di fuori di una qualsivoglia frangia del consorzio civile ed è degno soltanto di una punizione durissima e rapida. E sarebbe venuto il momento anche di prenderne qualcuno di questi avventuristi senza futuro politico e senza speranza. Intorno invece a questi episodi, ripetuti, di feroce delinquenza, da parecchio tempo si nota l'allargamento di un alone di omertà, di silenzio. Chi sono i violenti che hanno colpito? È impossibile trovarli? È impossibile dargli un volto, un nome e un cognome? Nessuno ha il diritto di sdegnarsi o di irritarsi se vengono poste queste domande. Sono interrogativi giusti che corrispondono specularmente a ciò che pensano i cittadini. Perché gli aggressori vili non vengono quasi mai scoperti? La loro libertà è un duro prezzo per la società, per tutti. Chi non li trova mai deve rispondere della propria incapacità. Dallo sdegno bisogna passare a qualcosa d'altro: dopo le parole di esecrazione devono anche accadere avvenimenti che giustificano la speranza di un futuro diverso."

A cinque settimane dalla tua aggressione, il giorno prima della tua morte, un gruppo di manifestanti si staccò da un corteo e venne sotto casa tua. Affissero un manifesto nel quale si minacciava di morte tuo fratello Luigi se non fosse sparito entro quarantotto ore, e cominciarono a tracciare scritte sui muri. In quel frangente, Luigi tornò dall'averti visitato in ospedale a bordo di un taxi: quel giorno c'era lo sciopero dei mezzi pubblici. Quando scese dall'auto, venne riconosciuto. «Ramelli, hai quarantotto ore di tempo per scappare, se non vuoi fare la stessa fine di tuo fratello!» gridò qualcuno, e subito il branco si fece sotto per acciuffarlo. Luigi ebbe il buon senso di imboccare le scale, perdendo nella concitazione anche il portafoglio. Quando entrò in casa, gridò a vostra madre: «Mamma, sono venuti a prendere anche me! Vengono su! Mettiamo l'armadio contro la porta!». Raccontò Anita Ramelli: "Luigi aveva vent'anni. Fummo costretti a mandarlo via da Milano. L'importante era che non girasse più nel quartiere. Era qui, nel quartiere, che lo 'curavano', non tanto a scuola".

Ancora tua madre: "Io andavo in ospedale al pomeriggio, mio marito la mattina. Un giorno entrai nella sua stanza, aveva gli occhi aperti e mi guardava, ma non riusciva a parlare, emetteva solo dei suoni, si indicava con un dito la testa. Non poteva parlare, ma io sapevo che capiva tutto. Ricordo che gli chiesi: Sergio, ti fa male la testa? E lui scosse leggermente il capo come per dire no. Ho sperato fino all'ultima sera, quando aveva trentanove di febbre e faticava a respirare. Avrei voluto afferrarlo e portarlo a casa. Ma io lo capivo che stava morendo, ero accanto al suo letto e Sergio mi stringeva disperatamente la mano, però la sua mano era sempre più debole, alla fine sembrava solo una carezza...".

"Sergio Ramelli, di anni 19, è entrato il 13 marzo 1975, in stato di coma profondo per trauma cranico con sfondamento parietale sinistro e lacerazione cerebrale sinistra, presso la Clinica Neurochirurgica dell'Università in Ospedale Policlinico. In tredicesima giornata sono insorte complicanze broncopolmonari tipo polmonite massiva bilaterale (a progressiva evoluzione) fino all'*exitus*, avvenuto per collasso circolatorio alle ore 10 del 29 aprile 1975."

Tua madre: "Infine l'ho visto sul marmo gelido dell'obitorio, con quel grosso buco sulla testa".

16

La macchina dell'odio non accennò a fermarsi neppure nel momento in cui il tuo cuore cessò di battere. Alla notizia della tua morte, a casa tua cominciarono ad arrivare telefonate su telefonate, tutte anonime. A volte, all'altro capo del filo Anita Ramelli sentiva di nuovo solo *Bandiera rossa*. Altre, invece, veniva raggiunta da insulti. Tuo padre le disse di non rispondere più. Allora le telefonate cominciarono a bersagliare i vicini di casa: "Dite alla famiglia Ramelli...".

A tua madre, che non riusciva a smettere di piangere, sembrava di impazzire.

L'odio. L'odio di chi ritiene di essere nel giusto. L'odio di chi non è capace di umana pietà. La madre di Walter si sentì dire: «Hanno fatto bene ad ammazzare come un cane quel bastardo delinquente di suo figlio».

Il "Corriere della Sera" nell'edizione del 1° maggio riportò: "Il presidente del Senato Giovanni Spagnolli ha inviato al padre dello studente ucciso, Mario Ramelli, un telegramma nel quale afferma: 'La notizia della morte di suo figlio mi rattrista profondamente. La giovane vita spezzata è un nuovo, doloroso, pressante monito contro la violenza e per il rispetto della legalità democratica. Accolga, con sua moglie, le condoglianze più sentite'. Anche il Presidente della Camera, Sandro

Pertini, ha fatto pervenire alla famiglia questo telegramma: 'Vi esprimo il mio commosso cordoglio per la morte del vostro Sergio, vittima di una aggressione vile e criminale'."

Fu la questura di Milano a proibire che ci fosse un corteo funebre in occasione dei tuoi funerali, la mattina del 2 maggio. Per motivi di sicurezza. Proprio come un anno dopo sarebbe accaduto per i funerali di Walter. Ciò nonostante, la partecipazione fu altissima. I tuoi genitori e tuo fratello Luigi seguirono il feretro portato a spalla anche dall'onorevole Franco Servello assieme a Giorgio Almirante, arrivato espressamente da Roma. Tua sorella Simona non c'era: a lei ancora non era stato detto della tua morte. In chiesa si diedero appuntamento tutti i ragazzi e le ragazze di via Mancini. Ti piansero in molti.

Il Presidente della Repubblica Giovanni Leone mandò una corona di fiori, ma si guardò bene dal partecipare. Ragazzi del FUAN e del Fronte della Gioventù si incaricarono del picchetto d'onore.

Dopo la cerimonia funebre, venisti portato a Lodi per essere tumulato nella tomba di famiglia. Tua madre fu sul punto di svenire quando la tua bara venne infilata nel loculo. Fu tuo padre a sorreggerla. Ma fu poi lui a morire per primo, appena quattro anni dopo di te, schiantato dal dolore per la perdita di un figlio.

Se la notizia della tua aggressione era stata data nella maggior parte dei casi sotto forma di trafiletto – gli atti di violenza politica erano ormai pressoché quotidiani e l'aggressione nei confronti di un "fascio" rientrava bene o male nell'ordine delle cose –, quella della tua morte arrivò su tutte le testate nazionali.

I tuoi funerali vennero raccontati così dal "Mattino" di Napoli di sabato 3 maggio:

"Si sono svolti nel pomeriggio i funerali di Sergio Ramelli, il giovane di 19 anni aderente al Fronte della Gioventù morto martedì scorso per le ferite subite il 13 marzo quando fu aggredito davanti a casa sua, in via Amadeo, da giovani dell'ultrasinistra che lo colpirono alla testa con chiavi inglesi e sbarre di ferro. Alcune centinaia di aderenti al Fronte della Gioventù ed all'MSI-DN erano davanti all'obitorio, dove la salma era stata vegliata a turno da alcuni di loro in una camera ardente. L'intenzione era di attraversare in corteo, dietro il feretro, la zona di Città Studi, per arrivare alla Chiesa parrocchiale per la cerimonia funebre. Per timore di incidenti la questura aveva però vietato questo corteo e coloro che erano davanti all'obitorio si sono recati a piccoli gruppi alla chiesa, dove erano state poste numerose corone di fiori fra cui quella del presidente della Repubblica. Ad attendere l'arrivo della bara erano, davanti alla chiesa, il segretario nazionale dell'MSI-DN, onorevole Almirante ed altri esponenti del partito. Almirante ha pronunciato una orazione funebre, quindi, insieme all'on. Servello e a due giovani del Fronte della Gioventù ha portato a spalla il feretro sino al furgone funebre, che ha raggiunto

Lodi, ove la salma è stata sepolta nella tomba di famiglia. Il cardinale Giovanni Colombo, arcivescovo di Milano, ha inviato un messaggio al parroco della chiesa ove si è svolto il funerale. La polizia ha denunciato a piede libero per gesti di apologia al fascismo quattro giovani che avevano partecipato ai funerali del Ramelli; altri tre sono stati denunciati, sempre a piede libero, per scritte abusive. Dopo i funerali, una trentina di giovani si sono radunati nella zona di via Mancini, dove vi è la sede provinciale dell'MSI-DN, ed hanno cominciato a gridare 'Duce, Duce' avvicinandosi con aria minacciosa a via Archimede dove vi è una sezione del PCI. È intervenuta la polizia che ha fatto sciogliere il gruppo, arrestando tre di questi giovani di estrema destra che sono stati denunciati per manifestazione sediziosa, apologia al fascismo."

Quello che il cronista del quotidiano non scrisse, perché non poteva saperlo, è che nel corso del funerale ci fu chi a distanza di sicurezza, dalle finestre della facoltà di Medicina che davano su piazzale Gorini, fotografò i partecipanti alla cerimonia diretti verso la basilica dov'eri stato battezzato e avevi fatto la prima comunione e la cresima. Quelle foto vennero poi ritrovate nella mansarda di viale Bligny 42[24] intestata a due dei tuoi aggressori, Marco Costa e Giuseppe Ferrari Bravo: assieme a una decina di migliaia di altre, facevano parte della schedatura dei "fasci" compiuta da Avanguardia Operaia, e riportavano a margine note personali e abitudini dei tuoi amici e una serie di note riguardo al bar Porto di Classe, messo a ferro e fuoco da alcuni dei tuoi aggressori perché ritenuto ritrovo di "fasci" un anno dopo la tua morte.

Pochi giorni dopo il tuo funerale, il professor Melitton mise piede nel bar interno del Molinari. La professoressa di lettere della sezione F stava prendendo il caffè, e a voce alta, in modo da essere udita, disse: «E che importa? Era un fascista». La collega della sezione E scosse la testa: «Sono cose più grandi di noi». Quella della sezione M, l'iscritta ad Avanguardia Operaia, che durante l'assemblea si era schierata a favore dell'intolleranza benché per un anno fosse stata la tua insegnante, si limitò ad aggiungere: «A Roma sono più forti i fasci, qui a Milano siamo più forti noi». Scrisse poi Giorgio Melitton, nel suo *Per memoria di Sergio Ramelli*: "Ciò che vi è di più incomprensibile nella vicenda di Sergio Ramelli è che egli non fu realmente colpevole di nessuna delle accuse che, in un crescendo isterico e farneticante, il Movimento Studentesco della sua scuola lanciò contro di lui in pochi mesi sino ad annientarlo. Se vi fosse stato il benché minimo fatto dimostrabile o testimoniabile, il collegio di difesa dei suoi uccisori non se lo sarebbe lasciato certo sfuggire. E anche i cronisti, che in occasione degli arresti e del processo pubblicarono inchieste ed interviste, non seppero scovare alcun fatto di violenza in cui egli sia mai stato coinvolto".

L'alone di omertà, il silenzio. E poi l'oblio, la rimozione. Riservati a te come agli altri morti ammazzati – senza che avessero le armi in pugno ma solo per le loro idee – elencati da Luca Telese in *Cuori neri*.

Ugo Venturini, 18 aprile 1970.
Carlo Falvella, 7 luglio 1972.
Virgilio Mattei, 16 aprile 1973.
Stefano Mattei, 16 aprile 1973.
Emanuele Zilli, 5 novembre 1973.
Graziano Giralucci, 17 giugno 1974.
Giuseppe Mazzola, 17 giugno 1974.
Mikis Mantakas, 28 febbraio 1975.
Mario Zicchieri, 29 ottobre 1975.
Enrico Pedenovi, 29 aprile 1976.
Angelo Pistolesi, 28 dicembre 1977.

Franco Bigonzetti, 7 gennaio 1978.
Francesco Ciavatta, 7 gennaio 1978.
Stefano Recchioni, 7 gennaio 1978.
Alberto Giaquinto, 10 gennaio 1979.
Stefano Cecchetti, 11 gennaio 1979.
Francesco Cecchin, 16 giugno 1979.
Angelo Mancia, 12 marzo 1980.
Paolo Di Nella, 2 febbraio 1983.[25]

Tutti "fasci" di cui non si doveva e non si deve più né parlare né scrivere: e tanto meno li si dovrebbe commemorare. In quel 1975, a sinistra soltanto il Partito Comunista si oppose alla campagna per lo scioglimento del Movimento Sociale – Destra Nazionale. La motivazione fu addotta con una formula insolitamente efficace da parte di Botteghe Oscure: "perché gli elettori non si sciolgono". Questa presa d'atto di un dato oggettivo – gli elettori dell'MSI-DN erano in quel momento come detto quattro milioni, che farne? – nonché elementare lezione di democrazia venne va da sé attaccata in modo anche feroce dalla variegata galassia dell'estrema sinistra.

17

A noi mortali non è dato sapere che cosa ci attende dopo la nostra dipartita da questa Terra. Tutti, credo, vorremmo poter ritrovare le persone che abbiamo amato in vita, e che in vita ci hanno amati. Per chi crede, per chi ha il dono della fede, si tratta di una certezza. Per chi non riesce a credere, è al più una speranza. Chissà se Walter ha ritrovato Ada. Chissà se tu hai ritrovato i tuoi genitori, Mario e Anita. In quella primavera del 1975, trafitti dal dolore, annichiliti dalla tua morte assurda, come tuo fratello Luigi, tua sorella Simona.

Quei quarantotto giorni e quelle quarantotto notti tra la tua aggressione e la tua morte cambiarono per sempre e in modo irreversibile le loro vite. Quante volte tuo padre deve aver faticato a scendere le scale di casa per andare al lavoro a causa delle lacrime che gli annebbiavano la vista. «Ho altri due figli» disse a un inviato del "Borghese" l'unica volta che, intercettato in ospedale, bisbigliò qualche parola a un giornale a proposito di quanto ti era accaduto, prima di chiudersi in un silenzio assoluto. «Una, Simona, la più piccola, l'abbiamo mandata via da Milano. Luigi, il più grande, è qui con noi. Anche lui aveva già conosciuto le sprangate in testa. Una mattina era uscito di casa prima di Sergio, gli sono saltati addosso perché credevano fosse il fratello.» Il dolore lo avrebbe schiantato nel giro di quattro anni, appena cinquantunenne, il 10 ottobre 1979. Quante volte tua madre dovette accarezzare i tuoi vestiti, cercare il tuo profumo, guardare le fotografie di famiglia che ti ritraevano bambino e poi ragazzo. Quante volte dovettero arrestarsi sgomenti di fronte al tuo letto vuoto. Chiudevano gli occhi, seduti al tavolo della cucina, e nelle orecchie avevano ancora la tua voce. Rivedevano il tuo sorriso mite. Il tuo modo di camminare. Non c'è dolore più grande di quello di una madre e di un padre che perdano un figlio. I tuoi genitori chiedevano giustizia. Ma arrivare al processo che avrebbe condannato chi ti aveva aggredito e ucciso non fu facile. Per niente.

Per andare a piangere sulla tua tomba tua madre Anita doveva andare fino a Lodi. Con i mezzi tra una cosa e l'altra impiegava circa due ore. Portava gli occhiali scuri, per non far vedere agli altri passeggeri che aveva gli occhi velati di lacrime. Quando infine arrivava sulla tua tomba, accarezzava con una mano il tuo ritratto incorniciato sulla pietra fredda. Ti mandava un bacio. Pregava. Parlava con questo figlio che aveva visto morire dopo quaranta giorni di agonia. "Sergio, caro. Dove sei? Perché proprio tu? Sai che la mattina a volte mi sembra di sentire i tuoi passi? Tu che come sempre vieni in cucina a fare la colazione e mi baci e mi dici ciao mamma, hai dormito bene? Da quando non ci sei più non riesco più a dormire. Nemmeno papà ci riesce. Passiamo le notti a parlare di te. Del nostro bambino. Di quando eri piccolo e giocavi con Luigi. Quando guardo le vostre foto mi sembra impossibile che siano passati tanti anni. Mi sembra impossibile che non ci sei più, Sergio, tesoro."

Passarono dieci anni prima dell'individuazione dei colpevoli e altri due prima che avesse inizio il relativo processo. In tutto, dodici anni di totale impunità per quegli studenti di Medicina che quel giorno, dopo averti spaccato la testa provocando la fuoriuscita di materia cerebrale, scapparono verso Città Studi e dopo aver ripulito per bene le loro Hazet 36 le riposero nel nascondiglio utilizzato dalla squadra del servizio d'ordine di Avanguardia Operaia. Che cosa si dissero, una volta portata a termine la missione? Da un certo punto di vista, non c'era forse da essere soddisfatti? Come pianificato, era stato colpito il "fascio" di turno. Avevano adempiuto alle regole di quello che a quel punto era ormai diventato una sorta di rito sacrificale di guerriglia urbana. Di sicuro, tutti senza distinzioni si sentirono sollevati per il fatto di essere riusciti a dileguarsi senza problemi.

Tuo fratello Luigi, minacciato a sua volta perfino dopo la tua morte, fu costretto a lasciare Milano. Tua madre vide morire anche tuo padre, schiantato dal dolore per la tua perdita. Anita Ramelli fu aiutata dal fatto di dover crescere Simona. Ma non c'era giorno che non pensasse a te. A ogni tuo compleanno, si chiedeva come saresti diventato con il passare degli anni, se solo ne avessi avuta la possibilità. E intanto sperava che venisse alla luce chi ti aveva ucciso. Non per un sentimento di vendetta, ma per capire. Perché avevano scelto proprio te? Perché uccidere a quel modo un ragazzo che non aveva mai fatto male a nessuno?

A ridosso del tuo omicidio, le indagini si rivolsero verso gli studenti del Molinari. Un testimone, Ernesto De Martini, aveva seguito per qualche centinaio di metri, fin verso via Venezian, i tuoi aggressori, visti all'opera anche dalla donna anziana che da una finestra aveva urlato loro di smetterla di picchiarti perché altrimenti ti avrebbero ammazzato. Gli investigatori, arrivati alla conclusione che ad aggredirti fossero stati in due, con il supporto logistico di altri, fermarono una decina di iscritti alla tua vecchia scuola, di cui tre appartenenti a quella che era stata la tua classe. Ma dopo alcuni accertamenti, l'ufficio politico della questura decise di rilasciarli per continuare le indagini negli ambienti dell'estrema sinistra gravitanti intorno a Città Studi.

Venne indagato anche il collettivo del Casoretto, la famosa banda Bellini, ma senza esito alcuno.

Il 30 aprile 1975, il giorno dopo la tua morte, me lo ricordo bene: non perché proprio quel giorno compivo dieci anni, ma perché tornando a casa da scuola vidi le immagini al telegiornale della fuga degli americani da Saigon, con gli elicotteri che facevano la spola tra il tetto dell'ambasciata statunitense e le navi in rada, così da portare in salvo gli ultimi funzionari e con loro alcuni collaboratori sudvietnamiti e infine i Marines di guardia all'edificio, circondato – come la sede dell'MSI in via Mancini – da cavalli di Frisia e filo spinato. Quel volteggiare di elicotteri sarebbe passato alla Storia: un esercito di guerriglieri aveva infine sconfitto la superpotenza americana. Henry Kissinger ne prese nota, e con lui altri. L'America non poteva permettere che l'Italia, Paese membro della NATO e con una posizione geopolitica di assoluta rilevanza strategica per quanto riguardava i Paesi del Nordafrica e la Jugoslavia, si ritrovasse con il PCI al governo. Si trattava di un'opzione che andava impedita a ogni costo. E così fu, come sappiamo.

18

Il 1976, che per me bambino era stato con la fine delle scuole elementari l'anno del primo e ultimo scudetto del Toro dopo la scomparsa del Grande Torino a Superga, diventò per me l'anno della morte di Walter e per Giorgio l'anno della morte di suo padre Sergio Bazzega e per Elisabetta, Alberta, Maria Vittoria e Tommaso l'anno della morte del padre Vittorio Padovani. Fu anche l'anno in cui a Milano una dozzina di neofascisti assalirono tre studenti apparentemente di sinistra uccidendo a coltellate Gaetano Amoroso, di anni ventuno.

Il 1977 fu l'anno che suo malgrado divenne simbolo, l'anno delle P38 e della fine delle illusioni, l'anno raccontato da Andrea Pazienza nelle sue tavole, l'anno in cui a Roma si formarono i Nuclei Armati Rivoluzionari o NAR[26] e in cui a Milano in via De Amicis il 14 maggio Mario Ferrandi uccise il poliziotto Antonio Custra.

Il 1978 fu l'anno del rapimento e dell'uccisione di Moro e degli agenti della sua scorta, Oreste Leonardi, Raffaele Iozzino, Francesco Zizzi, Giulio Rivera e Domenico Ricci. Fu l'anno in cui i NAR uccisero a Roma un ragazzo di nome Roberto Scialabba perché con gli amici si stava facendo una canna su una panchina e aveva l'aria di uno di sinistra. Secondo un'inchiesta condotta da Radio Popolare furono sempre i NAR a uccidere Fausto e Iaio (Fausto Tinelli e Lorenzo Iannucci) a Milano il 18 marzo, ma una verità giudiziaria in merito non è mai arrivata.

Il 1979 fu l'anno in cui per l'ultima volta andai in Sicilia con mio padre ancora vivo, ma fu anche l'anno in cui i NAR uccisero a Roma il giudice Mario Amato perché indagava sul terrorismo nero. Ma fu anche l'anno in cui tuo padre, Sergio, morì di crepacuore.

Il 1980 fu l'anno della strage di Bologna: quel 2 agosto mi trovavo a Nole con la zia Ada nell'ex casa dei nonni, e dato che in quella casa non c'era un televisore apprendemmo la notizia dalla radio. Per quella strage vennero poi condannati Valerio Fioravanti e Francesca Mambro dei NAR, che ancora oggi, pur ammettendo la loro responsabilità per tutti gli altri fatti di sangue per cui sono stati condannati, negano di averla commessa. Fu l'anno in cui i NAR uccisero a Roma il poliziotto Francesco Evangelista detto Serpico.

Il 1981 fu l'anno in cui Roberto Grassi, il mandante del tuo omicidio, dopo essere precipitato nell'eroina, al ritorno da un soggiorno in India si suicidò infilando la testa nel forno di casa e aprendo il gas.

Nel corso di quegli anni, contrariamente a te, chi ti aveva ucciso poté poi proseguire gli studi. E partecipare, benché consapevole di averti ammazzato, almeno a un'altra azione di "rappresaglia preventiva": l'assalto al bar Porto di Classe effettuato con una tale violenza da provocare feriti e invalidi permanenti. Vedi Marco Costa, che dopo essersi laureato in Medicina mosse i primi passi di quella che sarebbe stata la sua carriera nella sanità pubblica. Non credette di doversi costituire e tanto meno scusare. Scusarsi del resto sarebbe equivalso ad autodenunciarsi. E non era il caso.

Nel marzo del 1977, Avanguardia Operaia aveva fatto un ultimo congresso e infine si era sciolta. La maggior parte dei dirigenti confluì in Democrazia Proletaria, altri nel PDUP. In ogni caso, la tua uccisione doveva restare uno dei tanti episodi di quelli che sarebbero passati alla Storia come i cosiddetti anni di piombo. Confondersi assieme a tante, troppe altre in quella scia di sangue. Venire al più presto rimossa, dimenticata. A ricordarti sarebbero rimasti soltanto i tuoi camerati. Se solo poi in seguito anche quella cerimonia del "Presente" si fosse potuta vietare... Invece ogni anno si ripeteva. E l'ANPI protestava. E la Città di Milano Medaglia d'Oro della Resistenza prendeva le distanze. E così i giornali ne scrivevano. E il tuo nome saltava fuori ancora. E ancora. E ancora. E ancora.

Scrive Guido Giraudo: "Nessuno degli aggressori di Sergio provò un benché minimo senso di orrore, di smarrimento o di pentimento dopo l'aggressione. Pur sapendo che quel ragazzo che avevano colpito era morto, nessuno pensò di costituirsi o di abbandonare il branco assassino, anzi, continuarono a pestare 'fascisti' anche nei giorni in cui Sergio era all'ospedale e, un anno dopo, erano ancora tutti insieme ad assaltare un bar dove ferirono decine di persone, una delle quali rimase tutta la vita paralizzata. La loro unica 'preoccupazione', semmai, era quella di non farsi prendere; preoccupazione inutile perché né la polizia, né tanto meno la magistratura mossero un dito per cercare gli assassini di quel ragazzo 'scomodo'. Fu solo per caso che, dieci anni dopo, nel corso di un processo a Prima Linea, saltò fuori un gruppo di pentiti che accusarono il servizio d'ordine di Avanguardia Operaia di aver assassinato Sergio Ramelli. Solo così, uno dopo l'altro, saltarono fuori i nomi dei responsabili e, tra essi, anche quelli di esponenti politici 'di spicco' di Democrazia Proletaria. Tutti furono arrestati e confessarono, gettando nello sgomento giornalisti e uomini politici di sinistra".

Andò così. Il 3 novembre 1982 il militante di destra Walter Sordi, nel corso di un colloquio informativo con gli inquirenti, dichiarò che il tuo omicidio era stato collegato dai suoi camerati alla banda Bellini, i ragazzi del Casoretto che da banda di quartiere erano passati all'antifascismo militante, e che un commando dei NAR era partito da Roma per Milano per vendicare la tua morte uccidendo Andrea Bellini, ma che questo era scampato all'agguato perché in quei giorni dormiva fuori casa. Riguardo a quella pista tuttavia il Sordi non portò alcuna prova, e per questo il filone d'indagine venne abbandonato. Poi però sia il pentito Mario Ferrandi, sia Ciro Paparo, già membro della banda Bellini, menzionarono in relazione al tuo omicidio quell'organizzazione nel frattempo scioltasi: Avanguardia Operaia.

Già: nel 1982, niente più riunioni in un'aula della Statale o a casa di questo o di quello o nel retro del bar o nel ristorante del compagno che lo metteva a disposizione una volta finita la giornata lavorativa, spedito via il personale e tirate giù le saracinesche. Niente più prese di posizione o mozioni da mettere ai voti o meglio imporre ai sottoposti perché questo ha deciso il direttivo e così si fa e perciò stop. E niente più chiavi inglesi da celare sotto il loden in vista di un servizio d'ordine o di un agguato. Nel frattempo, dopo il rapimento e l'uccisione di Aldo Moro nella primavera del 1978, c'erano state altre stragi, altri depistaggi. Ustica, Bologna. Nella prima, sarebbe stato detto perfino da un ex presidente del Consiglio, Giuliano Amato, benché a distanza di anni, erano implicati Paesi alleati, membri della NATO. Ma il clima a Milano era cambiato. Le manifestazioni con l'immancabile lancio di sanpietrini agli sbirri e alle vetrine del Camparino? Non se ne facevano più. L'antifascismo militante? Be', in San Babila ormai aveva aperto Fiorucci e ci si dava appuntamento davanti alle sue vetrine tra liceali che frequentavano il Manzoni. E la rivoluzione? Un sogno andato a male. Troppa repressione. Troppi pentiti. Troppi compagni finiti al cimitero oppure al gabbio. Ma non tutti. Perché in tanti alla fine si erano comunque laureati. Specie quelli che pur facendo parte di quell'avanguardia operai non erano, e nemmeno figli di. Basta barbe lunghe e maglioni rossi e jeans di velluto a coste portati col l'eskimo e le Clarks. A un aspirante primario non si confacevano. Meglio piuttosto un aperitivo da Gattullo, bel caffè non distante dal numero 42 di viale Bligny. Senti cara, questo fine settimana andiamo alla casa di Bellagio oppure a quella di Santa? Sì, hai ragione, dobbiamo procurarci una nuova colf: non trovo più il golf. Hai visto Mario che bravo ieri sera alla tv?

A quel punto le indagini vennero affidate ai giudici istruttori Maurizio Grigo e Guido Salvini. Questi, milanese, negli anni immediatamente successivi al Sessantotto aveva fatto parte di un piccolo gruppo di sinistra inviso agli stalinisti del Movimento Studentesco per certe tendenze anarchiche, il Movimento Socialista Libertario. Nel frattempo, non ricevendo più i soldi dell'affitto, il proprietario della mansarda di viale Bligny 42 ne sfondò la porta e scoprì lo schedario di Avanguardia Operaia. Cercò di vendere la scoperta ai quotidiani, e un cronista del "Giornale" accettò. Recatosi con lui sul posto, chiamò la polizia. Quando gli inquirenti fecero irruzione nella mansarda, scoprirono oltre diecimila schede intestate a militanti del Fronte della Gioventù o del FUAN o a sanbabilini e in genere a personaggi ritenuti neofascisti, ma anche a membri di organizzazioni extraparlamentari di sinistra rivali e a potenziali obiettivi di attentati. C'erano anche documenti riguardanti la nascita delle Brigate Rosse e manuali per l'uso delle armi. E oltre cinquemila fotografie. Molte di queste erano state scattate a persone che avevano preso parte ai tuoi funerali. La mansarda era intestata a due ex studenti di Medicina: Marco Costa e Giuseppe Ferrari Bravo.

Le indagini ebbero una svolta. Un ex membro di Avanguardia Operaia, Francesco Cremonese, affermò che la squadra che ti aveva aggredito era quella di Medicina. Altri pentiti, sempre di Prima Linea, fecero il nome di una ragazza, Brunella. Le indagini portarono al cognome, Colombelli.

Ora faceva la ricercatrice universitaria e viveva a Ginevra, in Svizzera. Il 14 settembre 1985, al suo rientro in Italia dalla Confederazione Elvetica, venne fermata alla frontiera su disposizione di Grigo e Salvini. "A conoscenza di un suo viaggio in Italia per far visita ai genitori, personale della DIGOS provvedeva ad accompagnarla in ufficio onde sentirla su quanto era a sua conoscenza. La sua evidente reticenza in merito a quanto a lei noto sul fatto, sia in sede di dichiarazioni al funzionario DIGOS, sia in sede di esame testimoniale davanti al giudice istruttore, portava al suo arresto per i reati di favoreggiamento e falsa testimonianza." Negli interrogatori che seguirono al suo arresto, la Colombella finì per ammettere che gli aggressori erano consapevoli di ciò che avevano commesso, che un'azione del genere non poteva essere stata decisa dai capi delle squadre delle singole facoltà ma doveva essere stata pianificata a un livello superiore, che vista la gravità di quanto accaduto si era stabilito di mantenere sulla cosa il massimo riserbo e che sì, in effetti lei aveva avuto all'interno di Avanguardia Operaia un ruolo di staffetta e di schedatura di elementi di destra. Sulla base di questi nuovi elementi raccolti, la sera del 16 settembre veniva disposto l'arresto di Walter Cavallari, Claudio Colosio, Marco Costa, Giovanni Di Domenico e Claudio Scazza quali imputati del tuo omicidio, e da quanto dichiarato dai medesimi davanti al giudice istruttore saltavano fuori prove a carico di Franco Castelli, Luigi Montinari, Giuseppe Ferrari Bravo detto "Aldo" e Antonio Belpiede, a loro volta arrestati.

Fino a quel giorno, l'avevano fatta franca. Ormai erano trascorsi dieci anni. E anche se dovevano essere in molti a sapere com'erano andate davvero le cose, nessuno aveva mai parlato. Nella sinistra milanese vigeva un'omertà che nulla aveva da invidiare a quella siciliana. E loro a quel punto pensavano di averla scampata definitivamente. L'Italia del resto era cambiata. Del sangue che era sgorgato negli anni Settanta nella nuova Milano da bere non aveva più voglia di parlare nessuno. Tanto meno di quello di un fascista. Chissà se gli otto partecipanti alla spedizione punitiva di tanto in tanto rievocavano tra loro ciò che ti avevano fatto. Erano rimasti in contatto? Riandavano, magari trovandosi a cena, agli anni della loro giovinezza? Si erano confidati con le rispettive mogli, compagne, fidanzate? Dopotutto avevano tolto di mezzo un fascista. Fatto il loro dovere. Probabilmente solo un paio di loro aveva avuto modo di vederti per un attimo mentre giacevi sull'asfalto con il cranio sfondato e il sangue che si allargava intorno alla testa, perché chi ti aveva colpito si era dato subito alla fuga assieme agli altri. Chissà se quell'immagine tornava di tanto in tanto nelle loro menti o nei loro sogni, e se si sentivano comunque nel giusto. Loro d'altronde lo avevano fatto armati non solo di quelle chiavi inglesi ma anche della convinzione di ripulire la città da ciò che tu incarnavi. Si ritenevano gli eredi dei partigiani, che combattevano per mezzo di imboscate e agguati. Solo che quella era stata una guerra contro uomini di un esercito che giravano in divisa e soprattutto armati. Tu invece eri del tutto disarmato. Non ti era mai nemmeno venuto in mente di procurarti un coltello o una pistola, come avevano già fatto altri tuoi camerati. Non preoccuparti, mamma. Non mi succederà niente. Per cui quel giorno ti eri ritrovato lì, solo, a mani nude, circondato. Una preda indifesa. Ma ai loro occhi eri soltanto una carogna che doveva tornare nella fogna. Avevano avuto una botta di adrenalina quando ti avevano visto arrivare sul tuo Ciao e parcheggiare il motorino. Eccolo, è lui, si erano detti constatando che eri proprio il ragazzo nella foto che gli avevano mostrato. E adesso? Perché proprio adesso tirare di nuovo fuori la tua storia? Mica andavano più a caccia di fascisti. Avevano una vita normale, ormai. Gli studi portati a termine. Degli affetti. Un lavoro. Anzi, meglio: una professione. E tanti progetti per il futuro. Già: avevano tutto. Tutto quello di cui tu eri stato privato.

Si procedette agli interrogatori. E fin da subito, Colosio, Costa, Scazza, Montinari e Castelli ammisero di aver fatto parte del commando che ti aveva aggredito, chi con compiti di copertura, chi – il Costa e il Ferrari Bravo – chiamati a colpirti con le chiavi inglesi. Ferrari Bravo in un primo momento si avvalse della facoltà di non rispondere. Poi, confermò quanto confessato dagli altri. Per l'assalto al bar Porto di Classe venne arrestato anche Saverio Ferrari. Già tra i dirigenti di Avanguardia Operaia, era poi passato come numerosi altri suoi compagni a Democrazia Proletaria.

Raccontò tua madre agli autori di *Sergio Ramelli. Una storia che fa ancora paura*: "Una sera mi telefonò l'onorevole Servello dicendomi di comprare i giornali del giorno dopo. Io chiesi perché e lui mi rispose: 'Hanno preso gli assassini di Sergio'. Potete immaginare il mio stato d'animo. Non riuscivo a dormire. Al telegiornale di mezzanotte diedero la notizia degli arresti, ma solo il giorno dopo riuscii a saperne di più. Era un momento che aspettavo da dieci anni. Ho già detto che ho sempre avuto fiducia, nonostante tutto, nella magistratura, ma leggendo i giornali ci sono rimasta male. Pensavo che gli assassini di Sergio fossero dei ragazzini incoscienti, dei minorenni 'drogati' di politica. Invece erano studenti di Medicina, gente che non poteva non sapere che cosa stava facendo. Dunque lo volevano 'davvero' uccidere... Allora, sinceramente, non voglio nemmeno sentir parlare di perdono. Loro non hanno perdonato un'idea, devo perdonare io gli assassini?".

C'erano già le telecamere della tv a riprendere i momenti in cui gli accusati di un qualche reato venivano fatti uscire di casa accompagnati da due poliziotti, uno dei quali premeva una mano sulla testa dell'arrestato nell'istante in cui lo faceva salire a bordo dell'auto di servizio? Credo proprio di sì, nel 1983 era già stato arrestato Enzo Tortora. Gli arresti vennero comunque riportati dagli organi di stampa in modo diverso, a seconda naturalmente dall'appartenenza politica, e così fu per le riflessioni e i commenti che seguirono nei giorni e nelle settimane successive.

"L'Unità" del 19 settembre 1985 pubblicò un articolo che diceva: "In casa Democrazia Proletaria, a Roma, sconcerto e polemiche per l'arresto di Saverio Ferrari, membro della segreteria nazionale di DP. Il dirigente politico, 35 anni, ex segretario provinciale della federazione milanese di DP, è stato arrestato l'altra sera nella sede romana del partito da due agenti della DIGOS sforniti, a quanto pare, di un qualsiasi documento che ne provasse l'incriminazione... Mario Capanna, leader di DP, si è detto certo dell'assoluta estraneità ai fatti criminali del compagno Ferrari".

Il "Corriere della Sera" quella stessa mattina riportò che "Democrazia Proletaria ha definito l'arresto di Saverio Ferrari e dei suoi militanti una 'provocazione politica'".

"Il Giornale", il 20 settembre, scrisse: "Alla conferenza stampa in questura ha assistito anche Massimo Gorla, deputato di DP. Il parlamentare ha dichiarato che, in qualità di fondatore, assieme ad altri, di Avanguardia Operaia, ritiene questo movimento estraneo ai fatti contestati e innocenti i militanti demoproletari arrestati".

Gaspare Barbiellini Amidei, di nuovo sul "Corriere della Sera" del 21 settembre, argomentò: "Il sabato pomeriggio, quando i cortei traversavano il centro, la gente restava in casa. Ci furono vaste illegalità, vaste complicità, molta indifferenza, non poca viltà. Non si trovavano molte mani disposte a cancellare dalle mura scritte atroci. Qualcuno aveva inventato anche un nuovo diritto penale: 'Uccidere un fascista non è reato'... eppure molti non leggevano, non sentivano, quanti ciechi e quanti sordi nelle istituzioni, nei giornali, nelle stanze del potere, sulle cattedre... Ci fu una latitanza di coscienze. Cronisti daltonici mandati a registrare i disordini vedevano spesso un solo colore e di un solo colore riferivano".

Marco Mazza sul "Giorno" ricordò: "Da dieci anni, tutte le volte che esco di casa leggo su un muro del mio caseggiato '10, 100, 1000 Ramelli'. Il tempo non ha cancellato la scritta che era bianca ed è rimasta bianca".

Ancora sul "Corriere della Sera", Roberto Gelmini il 23 settembre si chiese: "Quanti sono stati i 'cattivi maestri' di questa lunga stagione di violenze e di delitti? Quanti sono stati gli intellettuali, i *maîtres à penser*, gli stregoni che hanno favorito, coperto, strumentalizzato quella che sembrava la grande rivoluzione e troppo spesso è stata invece solo una grande tragedia? [...] In una Milano inerte e vile che praticava il pericoloso gioco dell'ambiguità, che era pronta a condannare (con legittimo furore) le violenze degli ultimi ma pericolosi epigoni del fascismo già morto nella coscienza popolare. E poi si ritraeva con mille 'distinguo' quando a ferire erano i ragazzi usciti dai vari raggruppamenti studenteschi".

Sul "Manifesto" del 25 settembre, Rossana Rossanda scrisse: "A Milano regnava non la violenza, anche se di violenza ce n'era molta. Dopo i primi anni Settanta regnava la paura, come in certi quartieri di Roma. La paura dei fascisti, e non solo delle loro botte, ma delle loro bombe e del golpe... In questa città dire fascisti voleva dire quel dicembre sconvolgente, quella strage coperta dagli intrighi dello Stato, e rasenterebbe l'improntitudine pensar di capire e giudicare un gruppo dell'estrema sinistra milanese senza capire a fondo quel clima e quella situazione".

Sull'"Unità" del 27 settembre Luca Cafiero riconobbe le illegalità commesse dall'antifascismo militante affermando però che ciò non lo aveva turbato allora "e non riesce a turbarmi nemmeno adesso...". I servizi d'ordine erano strumenti "per consentire il diritto democratico di manifestare e per proteggere le manifestazioni dalle aggressioni fasciste o poliziesche".

Sul "Manifesto" in un editoriale intitolato *A che serve punire?* Gad Lerner scrisse: "Coerenza chiederebbe di denunciare come associazioni a delinquere quei servizi d'ordine che dopo l'aggressione del 13 marzo 1975 andarono per le strade gridando, ahimè, 'tutti i fascisti come Ramelli con una riga rossa tra i capelli'...". Tuttavia, proseguì, "le ragioni che legittimano una richiesta di non punibilità per gli episodi di allora a mio parere risiedono soprattutto nella dimensione sociale del fenomeno". Per poi continuare: "Non so chi ha ucciso Ramelli, ma ricordo bene gli studenti di Avanguardia Operaia delle facoltà scientifiche e della zona Lambrate-Città Studi-Argonne fra i quali oggi si dice che abbia avuto origine quell'azione, e fra i quali non mancarono, in seguito a essa, gravi crisi di carattere personale": il riferimento, criptico per i non iniziati, era al suicidio di Grassi. Dovuto al senso di colpa per aver commissionato l'aggressione che aveva portato alla tua uccisione? Non lo sapremo mai.

In quel 1985, a dieci anni di distanza dalla tua aggressione e dalla tua morte, mentre in una Milano ormai in pieno "riflusso" e edonismo reaganiano al più si faceva a cazzotti intorno a via Torino e a piazza Duomo tra punk e paninari, venne organizzato da Democrazia Proletaria un convegno allo scopo di contrastare l'inchiesta, intitolato con una certa dose di cinismo *Le vere ragioni*. Adriano Sofri dichiarò: "Rispetto alle persone che sono state recentemente arrestate io mi sento solidale al di là di qualunque ricostruzione politica. Per la semplice ragione, e non è una metafora, che io avrei potuto fare quello che loro hanno fatto, direttamente o indirettamente". Edo Ronchi, ex leader di Avanguardia Operaia: "Noi siamo per l'abolizione del carcere, perché siamo contro ogni violenza, e il carcere è la massima espressione della violenza sistematica". Rossana Rossanda: "L'inchiesta, nello spirito emergenziale, parte dunque con non poche sbavature, allargando anziché circoscrivere un reato stupido e feroce". Paolo Hutter: "Tendevo in genere a comprendere questi episodi dell'antifascismo militante:

andare a cercarli, andare ad aspettarli sotto casa, fare certi processi popolari, si trattava come di una triste necessità". Aldo Aniasi, ex sindaco di Milano: "La Storia non la scrivono i giudici". Ludovico Geymonat: "Allora, la violenza. Si dice: io sono contro tutte le forme di violenza. Ecco io no: io non sono contro tutte le forme di violenza. Ho fatto il partigiano e ho esercitato violenza, ma credo che l'importante sia distinguere tra la violenza giusta e quella ingiusta. E cosa vuol dire quella giusta? Vuol dire quella rivolta verso il progresso, questo è il punto fondamentale. L'importante è che ci sia qualcuno, adesso, che riprenda questa fiaccola, che tenevamo noi, e che sia disposto certamente a combattere la violenza stupida, ma nello stesso tempo non rifiuti per principio ogni violenza, ma cerchi di orientarla bene, di orientarla per il progresso, per lo sviluppo di un'Italia socialista". Gianluigi Melega, che all'epoca era un parlamentare del Partito Radicale e che fu l'unico a essere fischiato dal pubblico: "Voi non pensate che un fascista sia uno che sbaglia. Pensate che sia uno da ammazzare, no?".

19

Si arrivò al 1987. Furono i giudici istruttori Maurizio Grigo e Guido Salvini a redigere l'ordinanza di rinvio a giudizio per il tuo omicidio, nei confronti di Marco Costa, Giuseppe Ferrari Bravo, Luigi Montinari, Claudio Colosio, Claudio Scazza, Franco Castelli, Antonio Belpiede e Brunella Colombelli. Venne dapprima ricostruita la tua aggressione, poi fu fornito un quadro del contesto nel quale era maturata: "Dalle complessive indagini e deposizioni testimoniali assunte al tempo dei fatti emergeva il clima di costante prevaricazione che regnava al Molinari ad opera degli elementi della sinistra extraparlamentare, nell'ambito dei quali Avanguardia Operaia aveva assoluta egemonia politica e numerica. Anche un altro studente, fra i pochissimi simpatizzanti di destra, tale Nai Claudio, era stato picchiato, espulso dall'Istituto e gli era stato intimato di non farsi più vedere a scuola. Fra coloro che lo avevano più volte intimidito e minacciato erano stati notati elementi di spicco di Avanguardia Operaia della scuola e cioè De Vito, Di Puma e Crepaldi". Si dava quindi conto dei fatti avvenuti nelle settimane successive alla tua aggressione. "In data 28 aprile 1975 la questura di Milano riferiva poi un episodio particolarmente odioso. Quella mattina (e cioè il giorno prima che l'agonia di Ramelli avesse termine) un gruppo di giovani si era portato sotto l'abitazione della famiglia Ramelli, staccandosi da un corteo, e aveva effettuato delle scritte e affisso un manifesto sul muro dell'edificio intimando al portinaio di non staccare il manifesto. Scritte e manifesto contenevano gravi minacce nei confronti di Luigi Ramelli, intimandogli di sparire entro 48 ore e ricordandogli che il fratello era già stato picchiato. Il manifesto veniva defisso dal personale della questura di Milano avvisata dalla famiglia Ramelli. In merito è opportuno ricordare che anche dalle successive fasi dell'istruttoria è emersa una sorta di persecuzione nei confronti della famiglia Ramelli, raggiunta prima e dopo la morte del ragazzo ed anche il giorno dei funerali da telefonate con cui venivano reiterate minacce a sfondo politico." Seguiva poi la descrizione di un episodio emblematico: "Nel novembre 1973, una domenica mattina, al termine di un 'presidio antifascista' contro una riunione dell'MSI, che peraltro non aveva dato luogo ad alcun incidente ed era sorvegliata dalle forze dell'ordine, Di Domenico, Cavallari e il già citato Di Puma (compagno di scuola di Ramelli) vengono arrestati in zona Città Studi perché trovati in possesso di tre chiavi inglesi di notevoli dimensioni. Gli stessi sono reduci dal luogo (piazza Piola) ove poco prima un gruppo di una ventina di persone del servizio d'ordine, di ritorno dal 'presidio', ha brutalmente aggredito e ferito seriamente due persone (tali Mazzotti e Coluccini) 'colpevoli' una di aver acquistato un quotidiano di destra e l'altra di essere intervenuta a difesa dell'amico. Nonostante le macchie di sangue presenti sui pantaloni del Di Domenico (il quale, da esperto in materia, teneva la chiave inglese appesa alla cintura con un gancio) i tre, cosa non infrequente all'epoca, vengono fortunosamente assolti e quale dichiarazione finale, al termine del dibattimento, chiedono addirittura la restituzione delle chiavi inglesi". E ancora, per rendere l'atmosfera che si respirava all'epoca: "Particolarmente inquietanti e sintomo del clima che si era creato non solo nelle Università ma anche nelle scuole medie superiori, sono i resoconti, piuttosto numerosi, di 'processi politici' cui erano stati sottoposti nei vari istituti gli studenti sospettati di simpatizzare per la destra, con il consueto corteo di sottrazione di agendine e documenti personali al termine di aggressioni e a scopo sia ulteriormente intimidatorio sia di ulteriore 'indagine', minacce di varia natura e sovente espulsioni a forza dall'Istituto (i pochi docenti che prendevano le difese degli 'accusati' venivano subito tacciati di essere 'fascisti' anch'essi)". Quanto alla situazione negli atenei, "a Città Studi, come altrove, si organizza il 'boicottaggio' delle prime elezioni studentesche universitarie, approntando un presidio con tanto di chiavi inglesi onde dissuadere chi intenda votare dal farlo". Intanto, per quanto riguarda ciò che avveniva in città, "basta leggere il modesto campionario degli articoli del 'Quotidiano dei Lavoratori' acquisiti agli atti dedicati alla campagna per l'MSI fuorilegge e all''antifascismo militante' per rendersi conto di come fosse ossessivo il richiamo alla necessità dell'uso della violenza, di come fosse costante l'indicazione della superiorità di una sorta di 'giustizia privata' rispetto all'intervento giudiziario e delle istituzioni (dipinte sempre e solo come conniventi con gruppi violenti di destra e protagoniste e impegnate solo in 'provocazioni' contro compagni) e di come, pur in assenza di aperte rivendicazioni, fosse presente l'ammiccamento e il compiacimento ogni qualvolta un avversario politico 'scivolasse' rompendosi la testa o una sede, un'abitazione o un locale pubblico frequentato da persone di opposta tendenza politica andasse a fuoco o saltasse in aria. D'altro canto, scendendo su un piano per così dire pratico è stato acquisito agli atti, su richiesta proprio di un difensore, un campione di circa 150 episodi fra le centinaia di aggressioni avvenute a Milano nel periodo 1972-1975. È sufficiente sfogliare qualcuno dei rapporti giudiziari (e purtroppo qualcuna delle cartelle cliniche) per rendersi conto di come un'intera pagina della storia della nostra città sia stata dimenticata e rimossa". Si passava quindi a illustrare i metodi usati dalle formazioni dell'antifascismo militante: "Tutte le aggressioni da parte dei gruppi di estrema sinistra sono caratterizzate dalla medesima 'ritualità' e cioè il circondare in gruppo la vittima isolata e presa di sorpresa e calarle più volte sulla testa grosse chiavi inglesi. L'esito di numerose aggressioni (precedenti o coeve all'episodio Ramelli) è a dir poco drammatico in quanto la vittima, lasciata esanime con fratture al capo e spesso in altre parti del corpo, riporta lesioni gravissime e sovente con conseguenze permanenti". Ecco poi alcune considerazioni sui componenti del commando che ti aggredì: "Nessuno degli aggressori di Ramelli si sognò di chiedere maggiori spiegazioni sulla persona che essi si accingevano ad aggredire, fra l'altro un perfetto sconosciuto, tanto da rendersi necessario visionare una fotografia per individuarlo e non rischiare di scambiarlo con qualcun altro. Perdipiù non solo era sconosciuta la vittima, ma nessuno degli imputati era stato fisicamente aggredito o anche solo minacciato da persone di destra della zona, per cui quanto essi si accingevano strumentalmente a compiere costituiva più che una scelta razionale un autentico atto gratuito. Ed è proprio questo il punto. Si nota da parte degli imputati che hanno ammesso in tutto e in parte le loro responsabilità obiettive, al di là di lacune o reticenze sempre possibili, la difficoltà di spiegare, prima di tutto a se stessi, perché persone estranee sostanzialmente ad una pratica di violenza contro le persone e perdipiù studenti universitari, intellettualmente preparati, si siano trovati in otto, nove, o più, il 13 marzo 1975 alle ore 13.00 sotto l'abitazione di uno sconosciuto ragazzo di 18 anni, ad aspettarlo in un pacifico rientro a casa e a percuoterlo ripetutamente sul capo fino a sfondargli il cranio. Perché alcuni di essi, insieme a cinquanta o più compagni, si ritrovino un anno dopo quel tragico giorno a distruggere un bar a gestione familiare e a picchiare con analoga modalità tutti gli avventori che capitavano a tiro [...]. Lo stesso Enrico

Galmozzi, già militante di Lotta Continua e poi di Prima Linea, condannato per l'uccisione del consigliere missino Pedenovi, dissociato ma non pentito, ricorderà nel corso della sua difesa in dibattimento che nel 1975-1976 a Milano 'anche chi non aveva pistole, tentava di ammazzarli (i fascisti) con le chiavi inglesi e a volte ci riusciva [...] era quasi una pratica comune. Quando non venivano ammazzati [...] c'è gente che è rimasta sulla carrozzina'".

Nel tuo caso specifico, Sergio, dalle indagini svolte e da quanto ammisero i componenti del commando che ti aveva aggredito, le cose secondo gli inquirenti andarono così: "dalle dichiarazioni sostanzialmente concordi degli imputati [...] si può così riassumere lo svolgimento dei fatti:

Nel corso del 1974 il servizio d'ordine di A.O. sino ad allora piuttosto debole, si era ristrutturato promuovendo altresì sul piano operativo, unitamente ai più cospicui servizi d'ordine degli altri gruppi, la campagna dell''antifascismo militante' (in altri termini l'aggressione, ovunque fosse possibile, delle persone aderenti o simpatizzanti per la destra politica e la distruzione delle sedi e dei ritrovi da esse presuntivamente frequentate).

Tali aggressioni erano per lo più precedute da scritte o cartelli minacciosi nei vari quartieri e da intimidazioni o espulsioni dalle scuole frequentate dalle persone individuate.

La struttura più forte del servizio d'ordine di A.O. (divisa in zone territoriali e coordinata a livello cittadino) era costituita dalle squadre di Città Studi, zona ove la presenza politica dell'organizzazione era tradizionalmente più cospicua, al contrario delle facoltà umanistiche ove predominava il Movimento Studentesco.

A Città Studi esisteva una squadra di servizio d'ordine ad Agraria, attiva e numerosa, una squadra a Fisica, una squadra a Medicina e una squadra più modesta ad Ingegneria.

A partire dall'autunno 1974 la squadra di Medicina si era rafforzata dandosi una struttura stabile di dieci elementi, ma non aveva che scarsa o nulla esperienza come tale in materia di 'antifascismo'.

Tale squadra era composta da Cavallari (che ne era responsabile), Costa (che stava subentrando a Cavallari proprio nei giorni dell'aggressione a Ramelli), Ferrari Bravo, Castelli, Montinari, Scazza, Costantino, Belpiede e Cremonese.

Sergio Ramelli era conosciuto nella zona e all'Istituto Molinari come 'fascista' (e per tale motivo costretto ad abbandonare l'Istituto) e gli erano attribuiti fatti di violenza (di cui peraltro non vi è alcuna prova né nei rapporti di polizia, né nelle dichiarazioni degli imputati) nei confronti di avversari politici e anche furti di motorini ai danni dei 'compagni' (ugualmente mai specificati).

Dell'azione contro Ramelli si comincia a parlare un paio di settimane prima del 13 marzo 1975. Roberto Grassi, già studente del Molinari, conoscente personale del Ramelli e personaggio molto rilevante in Avanguardia Operaia ed in particolare nel servizio d'ordine, comunica a Costa che incaricata dell'azione è la nuova e non ancora sperimentata squadra di Medicina.

È invece il Di Domenico a comunicare a Cavallari (il quale è ancora responsabile della squadra di Medicina, anche se tale responsabilità sta per passare a Costa) la decisione di incaricare la squadra di Medicina di 'andare a menare un fascio'.

Cavallari chiede tuttavia, e ottiene, dal Di Domenico di essere esentato.

Ciò sia in quanto proprio con il Di Domenico e un altro studente di A.O. (il già citato Di Puma Roberto del Molinari) era stato arrestato in zona per un'aggressione contro due simpatizzanti di destra alla fine del 1973, sia in quanto poco tempo prima, a Città Studi dinanzi alla facoltà di Agraria, con altri e su indicazione del Di Domenico, aveva aggredito con una chiave inglese uno studente universitario di destra, ma nel corso di tale azione si era dimostrato poco idoneo lasciandosi prendere dal panico.

Di Domenico, che è ben al corrente di entrambi gli episodi e del loro esito, dà il suo assenso alla richiesta di Cavallari di essere esentato.

Nei giorni precedenti l'azione tutti i membri della squadra di Medicina vengono informati su iniziativa di Costa, Grassi e nell'ambito di riunioni e discussioni informali delle squadre di Medicina.

Tutti i membri della squadra, pur senza entusiasmo, danno il loro consenso all'azione in ossequio ai principi vigenti all'interno del servizio d'ordine.

Si può aggiungere che un rifiuto, del resto, apparirebbe comprensibile solo leggendo la vicenda con gli occhi di oggi. Infatti è sufficiente sfogliare i quotidiani dell'epoca per rendersi conto che, in piena campagna di 'antifascismo militante' con aggressioni a giovani di destra quasi giornaliere, un rifiuto avrebbe significato autoescludersi dal servizio d'ordine e mancare di 'solidarietà' verso l'organizzazione che aveva ammesso nel servizio d'ordine proprio i compagni politicamente più 'coscienti'.

Grassi fornisce alla squadra una fotografia di Ramelli dato che il giovane era totalmente sconosciuto: la fotografia è quella che ritrae il Ramelli quasi certamente durante l'episodio del 13 gennaio 1975 mentre viene costretto a cancellare le scritte fasciste sui muri del Molinari con un pennello in mano.

Tutti, o comunque la maggior parte dei membri della squadra, si recano a vedere il luogo ove Ramelli è solito posteggiare il motorino (via Paladini, poco oltre l'incrocio con via Amadeo) e a prendere confidenza con la zona.

Viene stabilito un giorno per l'aggressione e tutta la squadra viene convocata: resta escluso Francesco Cremonese che in quei giorni ha un'influenza; resta escluso dalla spedizione anche il Cavallari per i motivi già citati, che peraltro non vengono contestati dai compagni.

Il compito di caposquadra per quel giorno viene assunto da Costa: è il più giovane della squadra essendo matricola, ma milita da diverso tempo in Avanguardia Operaia.

Come caposquadra Costa ha il compito di aggredire il Ramelli affiancato da Ferrari Bravo, più vecchio e persona che appare 'pacata'.

Il gruppo, con la presenza di Grassi alla partenza, si ritrova all'ora stabilita presso il nuovo settore didattico in via Celoria, ove vengono distribuite, quasi certamente fra tutti, le chiavi inglesi ed alcuni tondini, cioè sbarre di ferro.

Il compito di quelli che non dovranno aggredire materialmente Ramelli è quello di copertura, cioè l'attestarsi presso tutti gli angoli dell'incrocio tra via Amadeo, via Paladini, via Arnò al fine di segnalare l'eventuale presenza di forze dell'ordine, contrastare una eventuale presenza di amici del Ramelli o di passanti e di impedire che il ragazzo, fuggendo in direzione dell'incrocio molto frequentato, possa sottrarsi alla 'lezione'.

Molto probabilmente staffette rimaste sconosciute segnalano il momento in cui Ramelli si appresta a tornare verso casa dal bar che è solito frequentare o quantomeno ne segnalano la presenza quel giorno poco prima dell'ora di pranzo, consentendo di individuare, in un margine di pochi minuti, l'ora del rientro a casa e quindi consentendo di evitare che una sosta troppo prolungata del gruppo nei pressi dell'incrocio possa destare sospetti.

Al momento dell'aggressione, mentre il ragazzo sta per agganciare il motorino ad un palo di via Paladini posto contro il muro, vengono usate chiavi inglesi di tipo non precisato ma certamente di notevoli dimensioni.

Forse al Costa ed al Ferrari Bravo, da ultimo, quale picchiatore, si aggiunge Costantino, ma la circostanza rimane improbabile sia per la conformazione dei luoghi (vi è una certa distanza fra l'angolo presso cui si trova Costantino e lo stretto punto del marciapiede in cui viene colpito Ramelli), sia perché smentita dai testimoni oculari che hanno modo di notare, da punti diversi, le fasi essenziali dell'aggressione dai primi colpi sino alla fuga di due persone da via Paladini.

Tutto il gruppo rientra a Città Studi, ove vengono pulite e riposte le chiavi inglesi, dotazione della squadra".

20

Ricordò in seguito Guido Salvini, come riportato dall'Archivio Ramelli: "Il nostro fu un lavoro difficile. C'era un muro di omertà. Tutti quelli che sentivamo ripetevano la stessa storiella mandata a memoria. Arrivavano a sostenere che il servizio d'ordine di Avanguardia Operaia non usava chiavi inglesi. Infine fummo fortunati: convocammo un ex studente di Medicina, aveva un'aria spaventata, nervosa, preoccupata. Era un giovane medico, lontano ormai dalla politica. Gli dicemmo di tranquillizzarsi, aggiungendo che sapevamo che lui non c'era. Sbiancò, come se gli avessimo detto che sapevamo chi erano gli altri. Per pura coincidenza, era proprio l'unico della squadra del servizio d'ordine di Avanguardia Operaia di Medicina che quel giorno non c'era: ammalato, era stato chiamato ma non aveva potuto partecipare all'azione. Ebbe però l'impressione che quella nostra frase significasse che eravamo a conoscenza di tutto, e che doveva tirarsi fuori prima che fosse troppo tardi. E allora ci raccontò quello che non sapevamo. Fu così che seguirono le confessioni: praticamente appena portati in questura, al primo interrogatorio, ricordo che Claudio Colosio crollò e ammise che sì, erano stati loro. Poi ognuno ammise la sua parte di responsabilità. Due avevano picchiato con le chiavi inglesi, mentre gli altri presidiavano la zona per intervenire nel caso transitasse un'auto della polizia o dei passanti potessero intervenire in soccorso di Sergio Ramelli. Dopo gli arresti la reazione della città fu molto particolare: erano tutti medici, della media borghesia, con amici avvocati, professionisti, eppure erano persone che avevano ucciso, coperti dal loro ambiente per oltre dieci anni. In realtà tutti sapevano. A Città Studi lo sapevano tutti, e lo sapeva tutta l'estrema sinistra milanese". Ancora Guido Salvini: "Le aggressioni come quella a Ramelli furono moltissime a Milano in quell'epoca, persone ridotte in fin di vita a colpi di chiave inglese furono decine. Direi che solo per un miracolo ci fu una sola vittima. C'erano giorni in cui al Policlinico arrivavano due o tre giovani con la testa rotta, il cranio fracassato, in prognosi riservata. Altri per fortuna sono sopravvissuti ma in molti sono rimasti invalidi a vita".

In ciò che restava della Milano extraparlamentare di sinistra, dopo tutte le morti in scontri a fuoco o a causa dell'eroina, e le carcerazioni, e i domiciliari, e i pentimenti, e le dissociazioni, e gli espatri, e le vie di fuga cercate in India o anche solo tra i colli piacentini, e le abiure, e le carriere nella carta stampata o alla tv, o in qualche studio notarile o d'architettura o facoltà universitaria o ufficio eventi, non furono pochi in quei giorni a fermarsi nel bel mezzo di quello che stavano facendo e a pensare: e se fosse capitato a me? Ma non si riferivano a te.

Nell'ordinanza di rinvio a giudizio, i giudici Grigo e Salvini aggiunsero: "Qualcuno cercherà certamente di nobilitare la campagna dell''antifascismo militante' sostenendo che si trattava di una risposta a ricorrenti stragi 'fasciste'. Si tratta di una tesi evidentemente priva di senso e ciò per due ordini di motivi: in primo luogo la risposta a un terrorismo clandestino di estrema destra (come sarà poi per quello di estrema sinistra) esisteva già nel Paese grazie alle mobilitazioni dei partiti antifascisti e dei sindacati nell'ambito delle quali si esortava anche a un maggiore impegno gli apparati istituzionali, ma senza che in tali iniziative si verificasse anche il minimo episodio di violenza. In secondo luogo, non era certo la caccia all'uomo scatenata a Milano in quegli anni contro qualsiasi studente simpatizzante per la destra o qualsiasi rappresentante di forze di destra negli organi elettivi (dal comune al consiglio di zona) o in qualsiasi altra situazione a poter incidere minimamente su strutture sotterranee e clandestine. Al contrario tale situazione poteva sortire effetti opposti, come ha ricordato Livio Lai, ex militante dei NAR, in una recente intervista: è stata proprio l'esperienza dell'impossibilità di effettuare un volantinaggio senza essere aggredito dai 'compagni' a spingerlo, come logica conseguenza, da una militanza politica all'attività eversiva in un gruppo clandestino di destra. In realtà l'antifascismo militante è stata una parola d'ordine agitata dai dirigenti della nuova sinistra per raccogliere consensi, mobilitando giovani e giovanissimi in una campagna 'facile' perché giocata sull'azione e non sulla riflessione. L'obiettivo, al di là della retorica, era liquidare la presenza della destra politica nella città, come anello più debole di un sistema che si intendeva comunque cambiare in modo rivoluzionario. Come tale campagna si sia concretizzata è noto ed emerge sia dalle cronache di allora, sia dai rapporti giudiziari acquisiti: pestaggi, intimidazioni, processi 'politici' ed espulsioni di studenti dalle scuole, sistematici 'raid' soprattutto nel centro della città, distruzione di sedi, luoghi di ritrovo, esercizi pubblici, vetture, attacchi a comizi e riunioni, interventi specifici negli organi rappresentativi come l'impedimento alla presentazione di liste di destra nelle elezioni universitarie e l'allontanamento a forza di rappresentanti eletti nei Consigli di Zona".

Qualche settimana prima dell'inizio del processo, l'11 febbraio 1987, la giornalista Flavia Perina scrisse sul "Secolo d'Italia":

"Il prossimo 16 marzo le dieci persone imputate dell'aggressione saliranno sul banco degli imputati. Qualcuno per confessare, come già fatto in istruttoria, qualcun altro per cercare funamboliche giustificazioni ad un delitto che si vorrebbe etichettare come 'episodio' dell''antifascismo militante, anziché come omicidio volontario, premeditato ed accuratamente preparato con pedinamenti ed 'informative', vigliaccamente organizzato e perpetrato fidando sullo strapotere numerico del sette contro uno. Nella cronaca dell'uccisione di Ramelli c'è un po' tutta la storia della degenerazione della lotta politica in violenza diffusa prima, illegalità armata poi, fino al 'capolinea' dell'esplosione terrorista dove ritroveremo i sistemi ed i comportamenti sperimentati nella 'caccia al fascista'. Ci sono le schedature, niente di casuale e di spontaneo ma – come scrivono i giudici – 'una pratica risalente alle scelte politiche dei responsabili dell'organizzazione (Avanguardia Operaia, *NdR*) e della sua struttura che comportava, secondo una metodologia capillare, razionale e studiata a tavolino, la liquidazione della presenza politica della destra, e dei gruppi considerati ad essa vicini, scuola per scuola, quartiere per quartiere'. Ci sono, incombenti sulle 'motivazioni' addotte dai rei confessi, gli incubi dello stragismo, la psicosi del golpe alimentata da un regime incapace di fare giustizia, di dire la verità, di mettere in piazza i segreti inconfessabili dei 'servizi' che ancor oggi restano purtroppo tali. C'è l'efficienza spietata delle aggressioni, messe a punto dai ragionieri della violenza con la stessa precisione che ritroveremo nei 'grandi eventi', Moro, piazza Nicosia, Bachelet, Cirillo. C'è tutto questo, nel delitto Ramelli e nel processo che si aprirà a marzo, e molto ancora. Compresa la cecità, colposa talvolta, ma assai più spesso dolosa, di forze dell'ordine, inquirenti, magistratura, governo, davanti alle pratiche aberranti dell''antifascismo militante'. Compresa la condiscendenza della 'grande stampa' verso i giovani con le chiavi inglesi, che uccidevano e rivendicavano impunità perché 'non è reato' ammazzare 'fascisti'. Comprese le ambizioni piccole dei leaders dell'antifascismo militante, che con un piede nelle istituzioni e l'altro nel mare magnum dell'illegalità conquisteranno seggi in Parlamento. L'elenco dei 'fiancheggiatori' è lungo. Ma purtroppo giornalisti e giudici, onorevoli e questori, ministri degli interni e '007', il 1° marzo non saranno in aula per rispondere delle rispettive responsabilità morali e materiali. Ci saranno, invece, i dieci imputati della preparazione e dell'esecuzione materiale dell'agguato a Ramelli: Antonio Belpiede, Franco Castelli, Walter Cavallari, Claudio Colosio, Brunella Colombelli, Marco Costa, Giuseppe Ferrari Bravo, Luigi Montinari, Claudio Scazza e Giovanni Di Domenico, quest'ultimo consigliere comunale di Democrazia Proletaria a Gorgonzola, in provincia di Milano. Marco Costa e Ferrari Bravo, insieme a Claudio Mazzarini, debbono inoltre dare spiegazioni sulla impressionante mole di documenti trovati nel covo di viale Bligny, autentico archivio da 'polizia segreta'. [...] Ma l'aspetto politico più significativo dello schedario di viale Bligny è il fatto che esso sia sopravvissuto attraverso gli anni, dal 1970 al dicembre 1985 quando fu ritrovato, e che attraverso gli anni sia stato costantemente aggiornato. Finiti i giorni delle spranghe, agonizzante il terrorismo, chiuso il capitolo dell''antifascismo militante', ci sono state comunque mani pazienti che hanno tenuto in ordine 'per ogni evenienza' il materiale, hanno aggiunto nomi, hanno corso rischi per conservare l'archivio. I giudici sostengono che la gestione dell'enorme 'indirizzario' sia passata nel '76 da Avanguardia Operaia all'appena costituita Democrazia Proletaria, che fino al 1980 sarebbe stata la custode dei carteggi. Ed i collegamenti tra AO e DP costituiscono uno dei 'noccioli duri' dell'inchiesta: non a caso, mentre l'inchiesta sul delitto Ramelli ha provocato ripensamenti ed autocritiche talvolta coraggiose in vasti settori della sinistra, il gruppo di Capanna si è arroccato quasi completamente su un improponibile innocentismo e sulla rivendicazione di assoluzioni 'politiche' per i responsabili."

Sempre sul "Secolo d'Italia" uscì il 28 febbraio la lettera indirizzata a tua madre dai tuoi aggressori, che di sicuro mai avrebbero pensato in vita loro di trovarsi sul quotidiano del partito che avrebbero voluto sciogliere:

"Gentile Signora Ramelli,

questa lettera Le giunge con tanto, troppo ritardo: ci rendiamo conto che il semplice fatto di riceverla e forse di leggerla la potrà far soffrire. Coloro che scrivono oggi sono uomini molto diversi dai ragazzi di quel tragico giorno. Avremo voluto scriverLe molti anni addietro: invece siamo rimasti soli; ciascuno ha cercato di rifugiarsi nella propria casa, non dimenticando, anzi assaliti dal profondo rimorso di quel momento disgraziato. Non avevamo nulla di personale contro Suo Figlio, non lo avevamo mai conosciuto né visto; ma, come troppo spesso accadeva in quel periodo, il fatto di pensare in modi diversi, automaticamente diventava causa di violenza gratuita e ingiustificabile. Nessuno di noi però aveva l'intenzione e neppure il semplice sospetto che tutto potesse finire in modo così terribile. Oggi riteniamo profondamente sbagliato, anzi inconcepibile il dirimere le differenze tra i diversi modi di pensare con la pratica della violenza. Lo scopo di questa lettera è quello di aprirci con Lei e con i suoi familiari, con quanti sono stati vittime del nostro gesto. Molti di noi oggi hanno figli e quindi possono ancor meglio capire la Sua sofferenza di allora e di adesso nel ricordo di quei tragici momenti. Può capire il bene che ci lega ai nostri familiari e ai nostri figli; la loro lontananza, che pure abbiamo accettato e che alcuni di noi tuttora accettano, la separazione dai nostri figli, che pure sappiamo sani e speriamo ingenuamente sereni, ci fanno ancora più comprendere, pur con tutte le dovute differenze, l'abisso di disperazione che l'ha accompagnata in questi anni. Suo Figlio era un ragazzo che, come noi a quei tempi, aveva scelto di impegnarsi, senza avere nulla da guadagnare, per cercare di modificare, con l'entusiasmo e l'ingenuità che furono anche nostri, le storture della società in cui vivevamo. Abbiamo, anche per il rimorso e il ricordo, percorso itinerari di vita che ci consentissero, con il nostro lavoro e comportamento, di riscattarci, se non ai Suoi occhi, almeno a quelli della società e forse anche di noi stessi. Questo non pone rimedio al male fatto, ma speriamo abbia impedito ad altri di ripetere i nostri errori. Vorremmo che Lei sapesse, anche se proviamo grande difficoltà nell'esprimere i nostri sentimenti, che fin da allora siete stati parte dei nostri pensieri e motivo costante della vergogna e del profondo rimorso che ci accompagnano. Anche se può sembrare assurdo, ci sentiamo vicino a lei e ai Suoi familiari dal più profondo del cuore. E questa realtà, di essere responsabili nei Suoi confronti e nello stesso tempo solidali, è per noi motivo di sofferenza. Per ragioni organizzative che Lei potrà intuire, in questa lettera non sono presenti le firme di tutti, ma siamo convinti che essa esprima comunque i sentimenti di tutti noi.

Franco Castelli, Luigi Montinari, Claudio Colosio, Claudio Scazza, Walter Cavallari."

21

Fu così a ogni modo che nel marzo del 1987, a distanza ormai di dodici anni dalla tua aggressione e dal tuo omicidio, il processo infine iniziò. La città intanto era molto cambiata. Si stava profilando quella che sarebbe diventata letteralmente un luogo comune: la Milano da bere. I ventenni, per la maggior parte, non si interessavano più come prima alla politica. Troppi erano stati i lutti, troppa la violenza. E la repressione aveva avuto la meglio su qualsiasi intento rivoluzionario. Il sindaco Carlo Tognoli era giunto quasi al termine del suo mandato. Presto gli sarebbe succeduto Paolo

Pillitteri, e negli anni della sua giunta Milano sarebbe diventata definitivamente la capitale italiana della moda. Anziché dare la caccia agli avversari politici, tanti ragazzi della buona borghesia cittadina avrebbero dato la caccia alle modelle nelle settimane delle sfilate e nei locali notturni come il Plastic. Poco per volta molte fabbriche avrebbero chiuso o delocalizzato. In non pochi spazi industriali sarebbero sorti degli showroom. Anche le preferenze in fatto di sostanze sarebbero mutate, e la cocaina avrebbe trovato presto nuovi proseliti, che in numero avrebbero superato i consumatori di eroina. Ma il fatto che sui giornali fosse tornato a circolare di nuovo e con tanta insistenza il tuo nome fu per molti come schiacciare il tasto rewind di un mangianastri, o di quel nuovo strumento che andava sotto il nome di videoregistratore. Per tutti coloro che si ritrovarono coinvolti nel processo, a cominciare naturalmente da tua madre, fu come riavvolgere il nastro del tempo. Si era ormai nella seconda metà degli anni Ottanta, ma nell'aula del tribunale di Milano si tornò nel pieno degli anni Settanta. Quel passato, che ancora alcuni mitizzavano – di lì a poco Mario Capanna avrebbe pubblicato il memoir *Formidabili quegli anni* – e che altri invece avrebbero preferito fosse stato da tutti dimenticato, era all'improvviso di nuovo presente, almeno in quel luogo dove assieme al pubblico i giornalisti si accalcavano per dare conto delle varie fasi del dibattimento processuale. Che cosa sono del resto dodici anni? Per te, Sergio, tantissimi: due terzi della tua breve esistenza. Per la Storia, poco più di niente. Vale comunque ancora la pena riportare qui alcuni degli articoli usciti all'epoca: poco per volta, ci si rese infine conto di quanto ti era accaduto.

Sul quotidiano "Il Giorno" del 16 marzo, il giornalista Paolo Colonnello scrisse:

"Oggi, come negli anni Settanta, Milano tornerà a vivere per qualche ora momenti che sembravano dimenticati. Verso le 9, dopo un'assemblea nella sede di via Mancini, un corteo di giovani missini sfilerà per le vie del centro raggiungendo prima palazzo di giustizia, dove si terrà il processo agli imputati dell'omicidio Ramelli, e poi via Amadeo dove, nel marzo del 1975, venne ucciso a colpi di chiavi inglesi lo studente di destra. Contemporaneamente in piazza Fontana, uno dei luoghi simbolo dell'impegno antifascista, verrà organizzato un presidio dei militanti di Democrazia Proletaria. Le forze dell'ordine si schiereranno nel mezzo, è probabile comunque che non succederà nulla. Nessuno dei due gruppi infatti cercherà lo scontro perché si tratterà soprattutto di manifestazioni simboliche e perché il clima degli anni Settanta, quello degli assalti ai bar considerati covi e dei pestaggi a suon di Hazet 36, non esiste più e difficilmente potrà ripetersi. Se una volta si parlava di vendetta, oggi si parla di giustizia e se durante il mese e mezzo di agonia del giovane Ramelli vi furono sciacalli che minacciarono i suoi genitori, oggi i responsabili di quell'omicidio scrivono una lettera alla madre del ragazzo chiedendo il perdono. È questo il clima vero in cui inizierà il processo agli ex militanti di AO davanti alla seconda Corte d'assise."

Sull'"Unità" del 17 marzo Paola Boccardo scrisse:

"'Il perdono? Non è una cosa che si possa chiedere, è una speranza.' Chi parla è Marco Costa. Secondo l'accusa è uno degli esecutori materiali dell'omicidio Ramelli, è uno dei partecipanti alla spedizione punitiva nel bar Porto di Classe, nonché uno dei responsabili dell'archivio di viale Bligny. Ora, pallido, teso, visibilmente a disagio nel parlare con i giornalisti, si dichiara sconvolto per quei fatti vecchi di dodici anni. È reo confesso, come quasi tutti i suoi coimputati. E come quasi tutti i suoi ex compagni, ha terminato gli studi ed esercita la professione di medico. Come Claudio Scazza, come Luigi Montinari, come Antonio Belpiede. Belpiede, al contrario dei vecchi compagni della facoltà di Medicina, nega di aver preso parte a quell'omicidio. 'Sono assolutamente estraneo' dice dal primo giorno e ripete ora: 'Ho presentato un alibi, che non è mai stato verificato'. Belpiede non si è solo costruito una carriera professionale, ma si è anche conquistato una solida stima fra i comunisti di Cerignola, dove ha ricoperto il ruolo di capogruppo PCI al consiglio comunale fino a che l'apertura dell'inchiesta ha portato alla sua sospensione dal partito. Anche i due esponenti di DP, Saverio Ferrari e Giovanni Di Domenico, negano di aver preso parte ai fatti di sangue di quegli anni '75-'76. Di Domenico, 'Gioele', ha provvisoriamente dovuto cambiare professione: era insegnante ed è stato sospeso dall'incarico in attesa della conclusione del processo. 'Adesso lavoro in una cooperativa' spiega. Anche lui, come tutti gli imputati agli arresti domiciliari, ha il permesso di uscire ogni giorno per andare al lavoro. I magistrati non hanno voluto usare la mano pesante per questi imputati così poco corrispondenti agli schemi consueti. C'è una sola donna in questo processo. È Brunella Colombelli, biologa all'istituto di zoologia sperimentale presso l'università di Ginevra. Deve rispondere anche lei dell'omicidio, poiché in qualità di staffetta avrebbe fornito le indicazioni necessarie per l'aggressione a Ramelli. 'Sì, facevo la staffetta, ma non sono stata io a fornire quelle indicazioni' si difende. 'Dell'omicidio ho sentito parlare nei giorni successivi. Le cose non sono proprio andate come dicono i giudici istruttori.' Dalla settimana ventura il dibattimento tenterà di chiarire le zone d'ombra che ancora restano su quelle terribili vicende."

Un giorno, oltre alla lettera, a tua madre – che si era costituita parte civile – giunse un'offerta di risarcimento di duecento milioni di lire. Non erano pochi, all'epoca. E dopo la morte di tuo padre, i sacrifici per crescere da sola Simona non erano certo mancati. Ma era quello il prezzo di una vita? Della tua vita? Nessuna somma sarebbe bastata a riparare l'irreparabile. Lei rifiutò.

Ancora Paola Boccardo sull'"Unità": "Al processo Ramelli è il turno di Giuseppe Ferrari Bravo, 'Aldo' per familiari e amici. È quello cui toccò, con Marco Costa, il compito di colpire con le spranghe il giovane missino 'per dare un avvertimento ai fascisti della zona'. A sentirlo parlare, con quella voce incrinata, sempre sul punto di spezzarsi in un singhiozzo, sembra un ragazzo un po' smarrito, che racconti fatti di ieri. Quel 13 marzo 1975 sfiorava i 28 anni ed era iscritto al quarto anno di Medicina. Di quegli anni, dice ora, non intende parlare: lo ha già fatto Costa in modo esauriente. 'Mi limiterò a parlare della mia storia personale, a raccontare come ho fatto a essere coinvolto in fatti così drammatici.' Anche lui, come Costa, è di formazione cattolica integralista, e proprio in ambito cattolico visse le sue prime esperienze di impegno civile. La politica doveva essere il modo per superare il solidarismo episodico, per 'affrontare i nodi'. Ed eccolo militare nel CUB (Comitato unitario di base) di Medicina, e poi, nel gennaio '75, entrare nelle fila di Avanguardia Operaia. 'Avevo passato le vacanze di Natale ad Alba, eravamo tutti insieme, mi aveva colpito quell'atmosfera di amicizia e solidarietà. La cosa terribile è proprio questa, che sono passato da una militanza allegra e piena di vita a un fatto così grave. La mia sensazione, dopo l'episodio Ramelli, è stata proprio quella di essermi bruciato nel giro di pochi giorni.' Ed eccolo, l'episodio Ramelli. 'Quando venne fatto il mio nome (per il pestaggio, *NdR*) fui preso dal panico. Ma il mio stato d'animo emotivo e insicuro e l'impegno preso nei confronti dei compagni e dell'ideologia mi impedirono di tirarmi indietro. Eppure io sono sempre stato una persona mite. Ma tanto ora' aggiunge a mezza voce, 'non cambia niente.' Il suo ricordo di quell''avvertimento' finito in omicidio è frammentario. 'Mi ricordo quelle grida di Ramelli che diceva no, no. Qualcosa così... Ho perso l'equilibrio inciampando nel motorino di Ramelli... Personalmente credo di averlo colpito una volta, al massimo due... E poi, quando Marco dice basta, andiamo, e si ferma un momento ad aspettarlo, attraversa la strada in fretta, con la sensazione di essere in ritardo. Anche per lui, segue un periodo di crisi: lo choc di quell'omicidio. E poi in quel periodo ebbi un distacco sentimentale, mi andò male anche un esame, per la prima volta.' Ci vogliono mesi perché si riprenda. Tra i confusi ricordi di quel fatto-choc, c'è quello di Gianmaria Costantini. Già giovedì Costa aveva buttato là quel nome: al momento della ritirata aveva notato Costantini che correva, anche lui con una chiave inglese in mano. Anzi, aveva visto che c'era una macchiolina di sangue su quella chiave inglese. Ieri, la figura di Costantini è riaffiorata anche dai ricordi di Ferrari Bravo. 'Non so con precisione quale dovesse essere la sua posizione, ma ho avuto l'impressione che fosse fuori posto.' Questo Costantini nel processo non compare perché è morto in un incidente stradale qualche tempo fa. Chi può dire, ora, che i colpi mortali non siano stati vibrati proprio da lui, quello 'gasato', che si era addirittura offerto volontario ed era stato escluso proprio perché non dava le necessarie garanzie di senso della misura? 'Non uscii di casa per un mese e mezzo' continua Ferrari Bravo, 'poi pian piano mi ripresi, ma limitai la mia attività politica e mi buttai nello studio per superare la crisi.' E anche lui, come Costa, se forse non ci riuscì nel suo intimo, ci riuscì certamente nei fatti. Mentre infatti una mezza dozzina dei giovani del servizio d'ordine, scossi dalla non voluta e non prevista tragedia Ramelli, si allontanavano dalla squadra, Ferrari Bravo, come Costa, si ritroverà giusto un anno dopo quella terribile esperienza a partecipare alla spedizione punitiva al bar Porto di Classe. Se ne parlerà alla ripresa del processo, lunedì".

In tutta Milano, in quelle settimane, si parlava nuovamente di te. E in chi aveva avuto vent'anni in quel 1975, riaffioravano immagini sepolte nella memoria e credute sparite per sempre, riecheggiavano gli slogan scanditi nei cortei. Ci fu chi ricordò a un tratto il tempo in cui per sicurezza non passava neppure per i dintorni di piazza San Babila, e chi invece rammentò come quello fosse il solo posto in cui si sentisse al sicuro. Chi riandò ai giorni in cui era comandato in piazza e doveva ricordarsi di salire a bordo del mezzo su cui il suo reparto lasciava la caserma con la sacca contenente i lacrimogeni e chi rimasto menomato a causa di una carica o di un agguato dovette dirsi che in fondo era andata meglio a lui che a te. Qualcuno, ristretto a San Vittore, si augurò di vedere blindati anche coloro che ti avevano ammazzato. Qualcun altro nella stessa condizione sperò al contrario che in qualche modo la scampassero, benché rei confessi.

Claudio Garlasco sul "Tempo" del 24 marzo 1987: "'La mia grande colpa è quella di aver messo in disparte la coscienza per la mia ideologia.' Così si è espresso davanti alla Corte d'assise Marco Costa, medico anestesista, indicato nel capo d'imputazione come coautore materiale dell'omicidio di Sergio Ramelli [...]. Occhiali e fisico da intellettuale, capelli in fase di abbandono, baffetti neri e folti, Marco Costa ha ricostruito la sua posizione processuale con una serie di frasi di contrizione per quel gesto inconsulto che, secondo lui, doveva rappresentare una semplice lezione, un pestaggio e che invece si è trasformato in dramma. [...] Costa ha così descritto le fasi dell'agguato. 'Quando lo vidi arrivare, mi sentii tremare le gambe. Ci guardammo negli occhi e lui cercò di scappare. Mi resi conto che davanti a me non avevo più un fascista, ma Ramelli, un ragazzo come me. E qui comincia la mia colpa. A quel punto avrei potuto dire basta, andarmene. Invece rimasi per il senso del dovere. Avrei potuto colpirlo in faccia, non sul capo. Lui urlava, cercava di scappare, e io lo colpivo senza capire dove.' [...] Il giorno dopo i giornali dissero che Ramelli era in coma.

'Passai giorni terribili. Senza mangiare. Col terrore di essere scoperto, prigioniero di questo orrore che avevo compiuto. Da allora non sono più riuscito a gridare *morte ai fasci* come avevo fatto per anni. Era come se per me fosse cominciata una fuga che adesso dura da anni. Sergio Ramelli mi torna in mente giorno e notte.' Ad un certo punto l'imputato si è rivolto alla corte ed ha esclamato: 'Ho le tasche piene della violenza: andatemi voi a capire come mai gente che odiava la violenza ha potuto uccidere'. Davanti a questa domanda il presidente, Antonino Cusumano, ha cercato di approfondire il tema dell'autenticità del pentimento. 'Un anno dopo, però, lei fu ancora tra quelli che presero d'assalto, anche se forse da parte sua non materialmente, il bar di Città Studi in cui tre persone rimasero gravemente ferite e poi si mise ad allestire lo schedario trovato nel covo di viale Bligny. Come mai?' Costa ha cercato di minimizzare. Ha detto che le schede e le fotografie raccolte dovevano servire per una mostra, ha aggiunto che frequentava l'abbaino di viale Bligny come garçonnière per portarci la fidanzata. Ha cercato poi di inquadrare le responsabilità dei coimputati, ma il momento più intenso dell'udienza di oggi è stato quando il presidente, malgrado l'opposizione dell'avvocato Ludovico Isolabella, difensore di Costa, ha deciso di aprire il pacco contenente i corpi di reato per mostrare una grossa chiave inglese, il triste simbolo di tante violenze, una sorta di precursore della P38 e del mitra. Costa ha guardato la chiave inglese (una cinquantina di centimetri di lunghezza) ma non ha voluto toccarla. Si è anzi ritratto, come terrorizzato a quella vista. 'Non è la mia – ha detto – questa è una Hazet 26, più corta di tre centimetri e più leggera'. In aula c'è stato un lungo attimo di silenzio. Il presidente ha scosso il capo e ha riposto l'arnese sul tavolo. L'interrogatorio di Costa continuerà domani, per approfondire gli anni di piombo".

Scrisse Massimo Romano sul "Sabato" del 4 aprile: "È il 26 marzo. Si celebra il processo per l'assassinio di Sergio Ramelli. [...] Una decina di imputati, per un assassinio che ha centinaia di colpevoli. Ma tutti gli altri non ci sono. I colpevoli non sono soltanto coloro che, materialmente, il 13 marzo 1975, andavano 'a menare il fascio'. C'è una colpevolezza che coinvolge tutti coloro che, in un modo o nell'altro, resero possibile quell'assassinio. Tutti coloro cioè che disegnarono il clima di cui Ramelli divenne la vittima. Il perché 'teorico' lo spiegano tutti. Il clima esasperato, la schiavitù ideologica dell'organizzazione, il nemico di classe, l'autodifesa, parole che puzzano di vecchio. Eppure, dopo dodici anni, sono queste le uniche parole che cercano di spiegare. Come è possibile spiegare, prima di tutto a se stessi, come è possibile che persone estranee alla violenza si siano trovate in dieci sotto la casa di uno sconosciuto e l'abbiano percosso al capo fino a sfondargli il cranio? E perché un anno dopo alcuni di essi si sono ritrovati a distruggere un bar e a sprangare chiunque gli capitasse a tiro? [...] Un perché non se lo chiese nessuno neppure dopo la morte, nelle tre o più riunioni che vi furono. L'unico problema diventò fare i conti con la propria coscienza. In qualche modo dimenticare. Per l'organizzazione, ancora meno. Si trattava soltanto di gestire politicamente l'operazione e più tardi mettervi sopra una cappa. Nonostante le crisi personali profonde e autentiche che assalirono i responsabili, nessuno pensò di costituirsi, né collettivamente, né personalmente. L'assoluta omertà era una garanzia più che sufficiente per poter tornare nell'anonimato. Ma non solo, costituirsi avrebbe recato un danno enorme per un'organizzazione come Avanguardia Operaia, in procinto di presentarsi alle elezioni amministrative del giugno di quell'anno. Un anno di morte. [...] L'omertà ha vinto. Quel che è accaduto dopo lo sanno tutti. Basta guardare alle storie personali di coloro che parteciparono all'assassinio di Ramelli. Quasi tutti si allontanano dall'attività politica. Qualcuno sceglie lo studio, si laurea, inizia una carriera. Alcuni continuano a militare per anni in Democrazia Proletaria. Altri ancora scelgono vie 'alternative'. Ma c'è anche chi non regge il peso del passato e si ammazza. Le storie del 1975 sono definitivamente dimenticate. Risaltano fuori come fantasmi dieci anni dopo, a schiacciare la coscienza di molti. Le indagini, gli arresti, il processo. Gli 'esecutori' vengono lasciati soli. Soli a sopportare un peso che non è solo loro. Dopo l'arresto, mentre rendono testimonianza davanti ai giudici, in piazza Duomo illustri deputati di Democrazia Proletaria gridano alla persecuzione. Chi è dentro ha finalmente l'occasione di riscattarsi, di liberarsi di un peso. Chi è fuori ha ancora lo stesso problema di sempre: rimuovere, giustificare. Nessuno riesce ancora però a spiegare perché. Come nessuno dice cosa significa che 'l'ordine di aggredire Ramelli arrivò dall'alto'. L'ultimo atto è storia di questi giorni. Il processo, le testimonianze, il dramma personale di chi deve spiegare. La sensazione però è che la strategia dell'omertà abbia vinto davvero".

A quel punto, tua madre Anita decise di parlare. Qual era il suo stato d'animo quella mattina? Ti parlò mentre si preparava il caffè in cucina, prima di uscire? Che cosa ti disse? Riguardò la tua foto? Sentì, frugando nella memoria, la tua voce? Ciao mamma, come stai? Hai dormito bene stanotte? Forse ti rivide bambino, intento ai tuoi giochi. E si chiese che uomo saresti stato, ora che avresti avuto trent'anni. Saresti diventato padre? Le avresti dato dei nipoti? Ciò che poteva essere e ciò che è stato tendono a un solo fine, che è sempre presente. Ancora una volta, come ogni giorno, scesa in strada dovette rivedere te steso a terra in quella pozza di sangue.

Scrisse "Il Giorno" del 22 aprile: "Riaprirà con una testimonianza drammatica il processo Ramelli. Oggi davanti ai giudici della seconda Corte d'assise si presenterà la mamma di Sergio, la signora Anita Matilde Pozzoli, vedova Ramelli, quella donna bionda, minuta, che alla prima udienza di questo processo non ebbe nemmeno la forza di voltarsi a guardare i giovani che uccisero il figlio. Sarà agitata, chiederà giustizia e non parlerà di perdono, mamma Ramelli. Almeno non oggi. Lo ha detto più volte nelle interviste rilasciate ai giornali, lo ha fatto capire raccontando la sua amarezza per quella lettera ricevuta dagli imputati rinchiusi nel carcere di Bergamo che le chiedevano, con un ritardo di dieci anni, il perdono: 'Avessi avuto prima questa lettera, una lettera anche anonima, in questi dodici anni di ferite mi avrebbe aiutato molto, mi avrebbe aiutato a tirare avanti. Ma l'hanno scritta dieci mesi dopo che la verità era venuta alla luce. Ho pianto tre giorni quando l'ho letta'. Deporrà anche l'altro suo figlio, Luigi, che più volte venne minacciato assieme al fratello e che ora si è sposato e vive fuori Milano. Ma nella lunga lista dei testimoni, ci sono pure le vittime dell'assalto al bar in largo Porto di Classe: Giovanni Maida, che riportò un'invalidità permanente, parziale, Massimo Penco, Marco Rastelli e Mirella Ciancetti, la titolare del bar, l'unica che si è costituita parte civile. Poi ci saranno Ernesto De Martini, l'uomo che inseguì per un lungo tratto di strada gli aggressori della squadra di Medicina, e Mario Morlino e Aldo Madia, i funzionari della DIGOS che fecero le prime indagini. Nei prossimi giorni, al termine degli interrogatori dei testimoni, il presidente Antonino Cusumano tornerà a sentire per l'ultima volta gli imputati. Evidentemente, ancora c'è bisogno di chiarimenti, ancora la Corte non è convinta di tutte le deposizioni".

Scrisse su "Repubblica" Enrico Bonerandi: "'Nessuno mi ha detto: mi dispiace. Niente in tutti questi anni. Solo la scorsa estate mi è arrivata una lettera.' Tengono gli occhi bassi gli imputati mentre nell'aula silenziosa parla, con voce sommessa ma senza fremiti, la madre di Sergio Ramelli. Per due notti Anita Pozzoli Ramelli non ha chiuso occhio, nella tensione di doversi trovare davanti agli assassini di suo figlio, e non ha proprio la forza di raccontare in pubblico il suo dolore. Accompagnata dalla figlia Simona, ha atteso la chiamata del presidente nello studio dell'avvocato, lontano anche dai militanti con la faccia da paninari del Fronte della Gioventù che riempiono ogni spazio in fondo all'aula. Dietro i suoi occhiali spessi non ci sono lacrime, ma per l'emozione probabilmente le sue parole non corrispondono del tutto ai sentimenti. Un concetto però le è chiarissimo: 'Voglio giustizia, la aspetto. Mi è arrivata una raccomandata con i soldi del risarcimento: dico la verità, ci ho sofferto. Sarà anche una prassi giusta, non so, ma io preferisco che vada avanti la giustizia'. Quei 200 milioni che gli imputati hanno messo insieme per 'risarcire' la famiglia Ramelli, e che potrebbero, se accettati, costituire una attenuante al momento della sentenza, sono stati rifiutati. Anche se la signora Ramelli – il marito è morto sette anni fa – non gode certo di condizioni economiche agiate. Il processo si sta avviando a conclusione: hanno già deposto gli imputati, e quasi tutti – tranne Antonio Belpiede e Brunella Colombelli – hanno ammesso le proprie responsabilità...".

Avrebbe poi raccontato tua madre a Guido Giraudo: "Luigi era più grande di quindici mesi. Da piccoli litigavano spesso. Poi hanno iniziato a uscire insieme e ad avere le stesse idee e sono pure stati aggrediti insieme. Anche Luigi ha dovuto patire molto. Dopo l'aggressione al fratello abbiamo dovuto mandarlo via di casa... per lui è stato un trauma terribile, anche se non ne ha mai parlato molto. Solo quando è finito il processo ha commentato: 'È troppo poco quello che gli hanno dato'. Simona, invece, era troppo piccola. Naturalmente era la cocca di casa e i due fratelli maschi l'adoravano. Per lei Sergio è un'immagine lontana, ma mi è sempre stata vicina, sia al processo sia durante le commemorazioni".

Come si sentì Anita, entrando in quell'aula dove al banco degli imputati sedevano coloro che ti avevano ucciso? E poi, una volta resa la sua testimonianza, uscendo da quell'aula di tribunale? E ancora quella sera, a casa, una volta spenta la luce, cercando di addormentarsi sola nel letto che aveva condiviso con tuo padre, morto di crepacuore pochi anni dopo la tua uccisione? Coraggio, avanti, ditelo ancora, ripetetelo fino alla nausea: i morti non sono tutti uguali. Ma chi si deve vergognare? Coloro che li piangono e che ne serbano caro il ricordo perché li hanno amati oppure voi, eletta schiera?

Scrisse Paola Boccardo su "l'Unità" il 23 aprile: "Bisogna arrivare alla sesta udienza, e al quarto imputato, perché il processo Ramelli accenni a uscire dal terreno paludoso delle contrizioni personali per tentare di affrontare l'impegnativo discorso delle più ampie, e pesanti, responsabilità politiche. Il merito va riconosciuto a Claudio Colosio, 34 anni, anche lui medico come i suoi colleghi sfilati sino a questo momento, anche lui studente di quella metà degli anni Settanta segnata dalle 'violenze di piazza', e non solo da quelle. 'Ero in vacanza con amici a Santa Maria di Leuca quando fummo raggiunti dalla notizia della strage dell'Italicus' racconta. 'Fu allora che mi sentii spinto ad una militanza più attiva.' Entra nelle file di Avanguardia Operaia, poi nel servizio d'ordine ('veniva proposto a tutti i militanti maschi, e a parecchie donne'). È la fine del '74, un brutto momento: la logica della difesa contro gli assalti fascisti sta cedendo il posto a quell''antifascismo militante', e l'aggressione a Ramelli con il non voluto e non previsto esito mortale. Questo tipo di episodi si stava purtroppo diffondendo. Nell'ambito della campagna per il MSI fuorilegge si affermava la logica di controbattere il tipo di iniziativa che gli avversari stavano portando avanti. E infatti, alla fine di una riunione intergruppo di militanti di sinistra, Roberto Grassi, responsabile del servizio d'ordine di Città Studi, comunica che 'c'è da dare una passata a Sergio Ramelli, un fascista conosciuto per il suo impegno contro le sinistre'. Nella spedizione, Colosio avrà un ruolo di palo e non si renderà conto della gravità di quanto sta accadendo. Lo apprende la sera, dal Tg che parla di un ragazzo in coma. E lui, a sentirlo, impallidisce tanto che la sua fidanzata gli chiede se si senta male. Chi ha preso la decisione della spedizione contro Ramelli? È una delle domande centrali di questo processo, e finora tutti gli imputati hanno risposto che, a loro del servizio d'ordine, l'ha comunicata Grassi, che forse l'ha ricevuta dall'alto. Colosio dice: 'Potrebbe proprio averla presa lo stesso Grassi. Era una decisione operativa, di attuazione di una linea politica. C'era una struttura verticale, cellula, sezione, direttivo centrale, che definiva la linea politica, e ce n'era una orizzontale costituita dalle istanze periferiche, cui toccava di attuarla. Ramelli doveva essere una cosa da poco, di quelle che si decidono a livello periferico'. Non così la scelta dell''antifascismo militante', una linea politica 'sicuramente decisa dal direttivo centrale'. La considerazione vale, con certezza anche maggiore, per quell'assalto in forze contro il bar Porto di Classe, nel quale sette persone verranno ferite, anche gravemente, e il locale andrà distrutto. Non ci sono morti, a Porto di Classe, e per questo appare come un episodio minore rispetto all'omicidio. Per la prima volta ieri però quella spedizione punitiva ha assunto i suoi contorni e il suo reale rilievo. Non c'è nulla di improvvisato. Si distribuiscono chiavi inglesi e si confezionano bottiglie incendiarie, si definiscono i ruoli, si prevedono anche i possibili feriti, e infatti ai militanti di Medicina è assegnato il compito di soccorrerli. La vecchia AO, quella del 'servizio d'ordine difensivo', questa volta è alleata con i CAF, Comitati Antifascisti, noti per la loro violenza e proprio per questo considerati fino a quel momento piuttosto avversari che amici. Insieme, mettono in campo un centinaio di persone. Colosio, che nel frattempo aveva lasciato la militanza di base per divenire un quadro intermedio, scriveva per il 'Quotidiano dei lavoratori' e teneva i rapporti con la neonata Democrazia Proletaria, dice di essere stato tagliato fuori da questo avvenimento, di esserne stato avvertito in modo indiretto, e di avervi assistito come osservatore, senza parteciparvi. 'Sull'episodio specifico – dice – non ho un'opinione sicura. Posso solo dire che una decisione così importante e così carica di significati come l'alleanza con i CAF non poteva essere assunta che a livello dirigenziale.' 'Che cosa intende per dirigenziale' chiede il presidente Cusumano. 'Cittadino? Provinciale? Nazionale?' 'Forse solo cittadino.' 'E quali erano i responsabili cittadini?' 'Per i CAF non so; per AO era Saverio Ferrari.' L'esponente DP, infatti, proprio per questo episodio figura tra gli imputati di questo processo. Prima di Colosio, Ferrari Bravo aveva ancora preso la parola per concludere la sua deposizione iniziata la settimana scorsa. 'Aldo' è l'intestatario della 'legge' di viale Bligny nel quale fu ritrovato lo schedario parapoliziesco di AO-DP. Ma egli spiega di averlo preso come pied-à-terre (abitava fuori Milano) ed averlo frequentato soltanto fino a quando, nel '78, partì per il servizio militare. Non sapeva neanche che le bollette e le ricevute dell'affitto fossero ancora a suo nome. E quando lo scoprì se ne preoccupò moltissimo, telefonò a Costa per chiedergli di intestarlo a se stesso. Ora si dichiara sgomento che Costa non l'abbia fatto. 'Mi pare di non potermi più fidare di nessuno'".

22

Guido Salvini: "Io e il collega Grigo, e con noi il pubblico ministero e la DIGOS fummo accusati di voler fare il processo al Sessantotto, di voler giudicare la Storia. Ma la nostra intenzione non era assolutamente questa. È ovvio che la vita umana non ha colore. Qualsiasi delitto deve essere perseguito, e non ci occupavamo di fatti di destra o di sinistra, non guardavamo con gli occhi dell'ideologia eventi di questo genere. Eppure la campagna contro di noi fu pesante. Ci furono comizi improvvisati davanti al tribunale, volantinaggi, riunioni piuttosto accese del comitato sorto in difesa degli arrestati, a cui partecipò un magistrato di Magistratura Democratica. Fu un momento difficile. Proprio per la tipologia degli arrestati, che godevano della simpatia di un certo ambiente della sinistra milanese. Gli assassini di Ramelli appartenevano alla media borghesia, avevano ottimi contatti professionali, avevano probabilmente incanalato nell'attività politica un certo narcisismo, una certa voglia di farsi vedere: che era largamente legato a una moda milanese. In questo senso non erano vittime di nulla, erano parte di un mondo milanese vincente. Non voglio fare nomi, ma uno di loro era fratello di un notissimo magistrato, ed era un medico. Il CSM non aprì nessuna pratica a tutela dei magistrati attaccati. Dovemmo difenderci da soli. Forti, comunque, delle confessioni degli arrestati. Purtroppo il furore ideologico, e il conformismo ideologico, ebbero un peso fortissimo. Addirittura nei primi articoli sui giornali Ramelli era diventato un estremista neofascista, un extraparlamentare che era stato sospeso per attività squadriste. Cosa non vera, che non poteva essere assolutamente confermata: era solo un giovane con idee di destra vicino all'MSI. Eppure, questo tipo di mascheramento di una notizia così grave come un'aggressione a un ragazzo passò addirittura su un giornale cattolico come 'Avvenire', a dimostrazione della capacità di quest'area di imporre un conformismo ideologico".

Un conformismo che perdura inalterato, capace di scavalcare il secolo e perfino il millennio: pensa, Sergio, che c'è chi sostiene che eri un picchiatore fascista ancora oggi. Di sicuro mi succederà di sentirmelo dire quando questo libro uscirà. Ribattere che non lo eri non servirà: come vuole il proverbio, non c'è peggior sordo di chi non vuol sentire. Ma non importa: quello che conta in questo mio mestiere è cercare di raccontare ogni cosa con onestà, guardando alle persone e ai fatti per quello che erano o che sono, senza indossare le lenti oscurate dell'ideologia.

Scrisse su "Repubblica" Enrico Bonerandi il 24 aprile: "'Mi trovavo sempre con gli amici in un bar di via Aselli. Quel giorno, però, era chiuso. Siamo andati in largo Porto di Classe, dove c'era un altro bar...' Adriano Arnold non poteva sapere che nella sede dei comitati antifascisti dell'Ortica si era deciso di dare una lezione ai neri della zona, che ogni tanto si davano appuntamento nella piazza. Una lezione sommaria: l'eventualità che fosse sprangato anche qualche cliente occasionale era stata giudicata un male inevitabile. E così: 'Vidi arrivare della gente di corsa dai giardinetti. Mi colpirono con la chiave inglese su un braccio, bucandomi il muscolo'. Al processo Ramelli-Porto di Classe depongono i testimoni, gente che negli anni della violenza e della spranga si è fatta giorni e mesi di ospedale, a volte riportando lesioni permanenti. Molti di essi erano completamente estranei alla politica: bersagli innocenti, capitati per caso nel posto sbagliato al momento sbagliato. Fabio Ghilardi: 'Ero di spalle al bar a chiacchierare con due amici. Non ricordo nient'altro. Mi sono risvegliato all'ospedale: sfondamento della cassa cranica. Da quel momento ho sofferto di crisi epilettiche. La terapia si è conclusa solo un mese fa'. Marina Mirelli si trovava anche lei in largo Porto di Classe insieme a quello che sarebbe diventato suo marito: 'Ho visto arrivare quelli con le chiavi inglesi. Sono scappata nel bar, ma ho capito che era quello il loro obbiettivo. Ho preso un colpo alla schiena, e poi mi sono fatta male a una gamba travolgendo una moto...'. A Milano si viveva nella paura. Commenta: 'Se uno fa parte di questi gruppi, può anche immaginare che prima o poi gli può succedere qualcosa. Ma io, cosa c'entravo? In quel periodo a Milano si aveva paura, c'era il rischio continuo di andarci di mezzo. Quello che è successo in largo Porto di Classe ci convinse a trasferirci in un posto più tranquillo'. Poche di queste vittime (che sono state risarcite, e quindi al processo non si sono costituite parte civile) hanno potuto raccontare di quello che accadde quel pomeriggio del 31 marzo 1976. Quasi tutti sono stati aggrediti alle spalle, o sono scappati nei negozi o nel cortile interno del bar senza rendersi conto della dinamica dei fatti. La più precisa è stata la barista, Mirella Ciancietti: 'Entrarono nel locale due tipi eleganti, volevano il caffè. Mi chiesero se ero sola, e io risposi che c'era un ragazzo che mi aiutava. Uscirono, e dopo un attimo arrivarono due bombe molotov al di là del banco, mentre andavano in frantumi le vetrine. Mi sono buttata a terra, e carponi sono uscita dal retro'. Largo Porto di Classe fu peraltro solo un episodio tra i tanti di quegli anni di botte, agguati e spedizioni punitive spacciate per antifascismo militante. Ieri mattina in aula hanno deposto alcuni dei titolari di carte di identità e altri documenti trovati nell'abbaino di viale Bligny, in mezzo al materiale che gli inquirenti ritengono essere l'archivio storico di Avanguardia Operaia. Molti erano stati fermati per strada, picchiati e costretti a consegnare i documenti. E spesso non erano fascisti. Un ragazzo ha raccontato che due volte ha subito la stessa avventura: si chiama Settimo, proprio come un altro ragazzo del quartiere, militante di destra. Racconti tutti uguali. Roberto Gorla ora è invalido civile, dopo che dieci anni fa in piazza San Babila gli hanno sfondato il cranio: 'Dovevo ritirare l'auto posteggiata in via Cerva. Passò una manifestazione, non so di che gruppo, non mi interessava la politica. Uno disse: è un noto fascista. Mi presero i documenti e mi sprangarono...'. I racconti di questo tenore sono stati numerosi: un ragazzo va a un concerto al Palalido e fa la stessa fine, un altro va a trovare la ragazza a scuola, viene scambiato per un altro e picchiato a sangue".

E.C., un insegnante del Molinari, testimoniò al processo: "Il giorno in cui si seppe della morte di Ramelli, in classe nessuno ne parlò".

23

Infine, poco dopo la metà di maggio, arrivò il giorno della sentenza. Al tribunale di Milano si presentarono in tantissimi, così da portare la loro solidarietà agli imputati. E per la maggior parte dei convenuti, malgrado gli anni della contestazione e quelli di piombo fossero ormai finiti, valeva sempre lo stesso principio: uccidere un fascista non è reato.

Scrisse su "Repubblica" del 17 maggio Enrico Bonerandi: "No, no..., grida e piange una donna tra il pubblico, poi qualcuno applaude e urla farabutti e pagliacci. Chiede silenzio il presidente Cusumano, dice perentorio ricordatevi che qui si sta rievocando qualcuno che non c'è più, ma è difficile riportare la calma nell'aula della Corte d'assise colma di una folla stremata dalla tensione e dalla lunga attesa. Dopo più di 12 ore di camera di consiglio, alle 10.20 di ieri notte è arrivata la sentenza del processo Ramelli, con condanne dure, anche se nettamente più lievi delle richieste del pubblico ministero, e poche assoluzioni. Una premessa: la Corte ha dato ragione alla difesa, derubricando il reato da omicidio volontario premeditato a omicidio preterintenzionale, riducendo perciò automaticamente l'entità delle pene. A Marco Costa e Giuseppe Ferrari Bravo, che materialmente uccisero a colpi di chiave inglese, il 13 marzo di 12 anni fa, il ragazzo del Fronte della Gioventù, sono andate le pene più alte: 15 anni e sei mesi Costa, 15 Ferrari Bravo. 15 anni anche per uno dei pali dell'agguato, Claudio Colosio, condannato anche per altri reati. Tre componenti del commando di Avanguardia Operaia, Franco Castelli, Luigi Montinari e Claudio Scazza, hanno avuto la stessa pena: 11 anni. Assolto per insufficienza di prove Giovanni Di Domenico, per il quale l'accusa aveva chiesto la pena più alta, 15 anni: l'esponente di Democrazia Proletaria (è consigliere comunale a Gorgonzola) è stato condannato a 10 anni di reclusione per l'altro episodio di violenza in giudizio, l'assalto al bar fascista di largo Porto di Classe. E ancora un'altra assoluzione, questa volta con formula piena: Walter Cavallari, che il PM voleva condannato a 14 anni nonostante fosse risultata abbastanza chiara nel dibattimento la sua estraneità al fatto. Proprio l'assoluzione di Cavallari ha provocato la reazione del pubblico, ancor più delle condanne degli imputati: questo perché Cavallari, pur non avendo colpe da confessare, era stato uno dei cardini dell'accusa nei confronti degli ex compagni. Implacabile, invece, è stata la Corte verso Antonio Belpiede e Brunella Colombelli, che si sono sempre dichiarati innocenti portando anche numerose testimonianze a confermare il proprio alibi. Le previsioni li davano entrambi assolti per insufficienza di prove, ma sbagliavano: Belpiede ha avuto 13 anni, 12 Brunella Colombelli. 'Non posso dire nulla. Condannata così, senza una prova, per il piacere di un giudice istruttore...' ha commentato tra le lacrime la donna, al limite di uno svenimento. Attorniato dai parenti disperati, singhiozzante e livido di rabbia, Antonio Belpiede, all'epoca dell'arresto consigliere comunale del PCI a Cerignola e ora sospeso dal partito, non ha voluto dire molto: 'Una pagliacciata, un processo inutile, già deciso in partenza...'. Non molto diverse dalle richieste del pubblico ministero sono state invece le condanne per l'episodio Porto di

Classe. La maggioranza degli imputati (Lorenzo Muddolon, Francesco Cremonese, Carlo Guarisco, Bernardino Pasinelli e Massimo Bogni) ha avuto una pena di 3 anni e sei mesi, 5 per Mauro Pais. Una assoluzione con formula dubitativa (Stefano Motta) e due stangate: 11 anni a Saverio Ferrari, membro della direzione nazionale di Democrazia Proletaria, e 9 a Roberto Tumminelli. Una vendetta politica. 'Me l'aspettavo' ha commentato laconico Ferrari. Silenzioso, ma evidentemente contrariato Tumminelli, che sperava in una assoluzione o in una condanna mite. Quando il presidente ha terminato la lettura del dispositivo, nell'aula si sono mischiati e scontrati sentimenti opposti, dolore, disperazione, gioia e sollievo. Non piangeva Marco Costa, ma singhiozzava disperata sua moglie, che l'ha stretto a lungo nascondendo la testa nelle sue braccia. 'Mi va bene che abbiano deciso per l'omicidio preterintenzionale' ha poi confidato Costa ai giornalisti: 'certo, una condanna pesante'. Soddisfatto Claudio Scazza: 'Una sentenza coraggiosa', e pure Giovanni Di Domenico: 'È andata bene...'. Deluso, invece, e arrabbiato il pubblico, formato nella maggior parte da militanti di DP e da parenti degli imputati. Hanno applaudito ironicamente la sentenza e inveito contro i fotografi, che impietosamente bombardavano con i flash il gruppo disperato dei parenti di Antonio Belpiede. Un segnale di distensione è venuto da Basilio Rizzo, consigliere comunale a Milano di DP: ha abbracciato Walter Cavallari, il più beccato e contestato dal pubblico, che ha così commentato la propria assoluzione: 'È andata bene, ma non riesco ad essere contento'. Non c'era, in aula, la madre di Sergio Ramelli: era rimasta a casa, in attesa di una telefonata del suo avvocato, Ignazio La Russa. La Corte ha deciso che gli imputati le dovranno versare in solido una somma da stabilire successivamente a titolo di risarcimento, in quanto la donna ha finora rifiutato l'offerta di 200 milioni propostale da chi uccise suo figlio. 'La sentenza ha premiato l'attesa della parte civile: finalmente, dopo 12 anni, l'assassinio di Sergio Ramelli ha trovato i colpevoli' ha dichiarato La Russa. 'La sentenza ha riconosciuto che di violenza eversiva si è trattato, e non difensiva: questo per noi è importante.' La parte civile, comunque, ha deciso di ricorrere in appello, non accettando che l'omicidio di Sergio Ramelli sia stato giudicato preterintenzionale e non volontario. Terminata la lettura del dispositivo, per un quarto d'ora fuori dall'aula si sono incrociati commenti e lamenti, poi i carabinieri hanno fatto sgomberare i corridoi scortando gli imputati per evitare ogni possibile, anche se improbabile, problema. Questa sentenza lascia il discorso aperto per il processo di appello, ricordava un avvocato. Se è certo che gli imputati ricorreranno in appello, come pure il pubblico ministero, la sentenza pronunciata ieri non porterà per ora nessuno dietro le sbarre: tutti quanti gli imputati sono agli arresti domiciliari, con la possibilità di svolgere il proprio lavoro, e solo una condanna definitiva potrà significare per loro concretamente la possibilità di varcare di nuovo le porte di un carcere".

Naturalmente vi fu il ricorso in appello, sia della difesa sia della parte civile, che chiedeva l'omicidio volontario anziché quello preterintenzionale. Sui giornali la notizia ebbe eco, il tuo nome tornò a occupare le pagine di cronaca. La richiesta della parte civile venne accolta, ma ciò nonostante le pene vennero ridotte. Il 2 marzo 1989, infatti, la II sezione della Corte d'assise d'appello accolse le richieste del pubblico ministero e tuttavia riconobbe l'attenuante del concorso anomalo, riducendo sensibilmente le pene. Costa passò da 15 anni a 11 e 4 mesi; Ferrari Bravo da 15 a 10 e 10 mesi; 7 anni e 9 mesi a Colosio invece che 15; 7 anni invece di 13 a Belpiede; 6 anni e 3 mesi a Castelli, Colombelli, Montinari e Scazza in luogo degli 11-12 iniziali. Insoddisfatta, la parte civile decise di fare ricorso in Cassazione così da ottenere il riconoscimento della premeditazione e il conseguente aggravio delle pene. Il 23 gennaio 1990 la I Sezione della Corte di Cassazione presieduta da Corrado Carnevale rigettò sia la richiesta della parte civile sia i ricorsi della difesa, confermando le sentenze di secondo grado. Costa e Ferrari Bravo tornarono dunque in carcere, anche a causa delle condanne aggiuntive, mentre gli altri imputati poterono usufruire di un condono e di pene alternative grazie alla loro condizione sociale e alla loro ridotta pericolosità. In seguito, tra gli allora studenti di Medicina poi condannati c'è chi ha fatto carriera sino a ricoprire prestigiosi incarichi ospedalieri.

Da "Repubblica" del 27 ottobre 1990: "Si sono costituiti gli imputati dell'omicidio di Sergio Ramelli la cui sentenza di condanna è ormai definitiva, dopo la conferma della Cassazione nello scorso gennaio. Solo Antonio Belpiede, residente a Cerignola in Puglia, ha scelto il carcere di Foggia, mentre gli altri sette (Marco Costa, Giuseppe Ferrari Bravo, Claudio Colosio, Claudio Scazza, Luigi Montinari, Franco Castelli e Brunella Colombelli) hanno deciso di presentarsi nella casa circondariale di Bergamo. Gli ex militanti di Avanguardia Operaia, che nel marzo del 1975 parteciparono all'agguato sotto l'abitazione dello studente di destra Ramelli che si concluse con un omicidio a colpi di spranga, nel gennaio di quest'anno avevano presentato domanda di grazia non ottenendo però risposta dal Quirinale. Ora sperano nel condono, per beneficiare della legge Gozzini e ottenere la semilibertà. Sperano anche nel condono delle pene accessorie, in quanto non potrebbero tornare al lavoro di medici dopo aver scontato la condanna a causa dell'interdizione dai pubblici uffici".

In realtà, nessuno che sia stato condannato per omicidio volontario può essere iscritto all'ordine dei medici. Ma dato che ai complici venne riconosciuto il concorso anomalo, questi poterono mantenere la loro professione. Nel gennaio del 1990, i supremi giudici riuniti nella I sezione penale della Corte di cassazione, avevano scritto tra l'altro nella loro sentenza: "La lotta antifascista portata avanti da Avanguardia Operaia nel momento storico che interessa i fatti oggetto del presente giudizio e dagli imputati che hanno ritenuto di condividerla e darvi corpo per la loro parte, non si può definire ispirata ai valori antifascisti della Costituzione ma a una concezione politica e ideale tutta deformata di essi, la quale li negava nel momento stesso in cui li perseguiva, mediante condotte negatrici dei diritti della persona, svuotandoli del loro essenziale contenuto. La conclusione è che la lotta antifascista si è risolta, nel caso, in una lotta politica di parte, realizzata con la violenza e la sopraffazione, in netta antitesi con i valori che si pretendeva di affermare". Sta di fatto che "dopo questa sentenza definitiva", scrive Guido Giraudo con gli altri autori di *Sergio Ramelli. Una storia che fa ancora paura*, "del gruppo che assassinò Ramelli solo Costa e Ferrari Bravo tornarono effettivamente in carcere scontando ancora un breve periodo di detenzione prima di passare all'affidamento sociale e alla semilibertà. Tutti gli altri riuscirono a evitare la galera".

24

Tua madre, Sergio, morì due giorni prima del Natale 2013. Dalla tua morte erano trascorsi trentotto anni. Sono 13.870 giorni, più o meno. Anita deve avere pensato a te ogni singolo giorno, più volte al giorno. Non esiste dolore più grande di quello di una madre che vede morire un figlio, specie se così giovane e sotto i suoi occhi. Credo che grazie alla sua fede fosse certa di raggiungerti e di poterti così riabbracciare. Nel frattempo era scomparso anche tuo fratello Luigi, e avrà sperato di ritrovarvi entrambi, e con voi vostro padre. Della famiglia che eravate, la sola rimasta in vita era Simona, la più piccola. Doveva toccare a lei portare i fiori sulle vostre tombe.

25

Nel 2014 il Sindaco di Milano Giuliano Pisapia – che all'epoca del processo contro i tuoi aggressori faceva parte del collegio di difesa – prese parte a una tua commemorazione. Ma senza fascia tricolore. Venne molto criticato, non per il fatto che avesse scelto di lasciare in ufficio la fascia in questione, ma per avere partecipato al tuo ricordo: in sua difesa, a sinistra, si spese soltanto Dario Fo. Lo stesso fece cinque anni più tardi il suo successore Giuseppe Sala, anche lui senza fascia tricolore. Come se presentarsi in veste ufficiale di sindaco della città Medaglia d'Oro della Resistenza non si addicesse alla tua commemorazione. Negli anni e nei decenni successivi alla tua uccisione, gli ex ragazzi del Fronte della Gioventù e chi è venuto dopo di loro non ti hanno dimenticato. Ogni 29 aprile hanno continuato a darsi appuntamento lì dove vivevi e dove fosti aggredito. Di nuovo, ancora e sempre, la cosa è motivo di scontro ideologico. È così che sei diventato, da non-persona, un simbolo, Sergio, ovviamente divisivo. Tu che quando spirasti non avevi ancora diciannove anni e che mai ti saresti potuto immaginare di diventarlo. Da quel giorno sono trascorsi ormai cinquant'anni: te li hanno rubati tutti. Te li hanno rubati coloro che ti hanno materialmente aggredito e sprangato, ma anche tutti quelli che si credevano e si credono assolti ma sono lo stesso coinvolti.

Una mattina di marzo sono stato al 42 di viale Bligny, la facciata del palazzo spicca rispetto alle altre di quest'arteria milanese che segna il confine con il centro per via del suo aspetto *lumpen*. Il portone principale, dipinto di un marrone usurato dal tempo, era aperto, e sono entrato nell'androne dove una grande cartina geografica del mondo, disegnata da mani apparentemente infantili, era stata affissa alla parete di sinistra. Nel primo cortile, lungo e stretto, erano parcheggiate decine di biciclette. I panni colorati stesi ad asciugare sui fili della biancheria che si sporgevano dalle finestre denunciavano la presenza di non poche famiglie numerose, dato inusuale in una città che negli anni Venti del Duemila conta il 44 per cento di single. Il secondo cortile, altrettanto lungo, era ancora più stretto. Alzando lo sguardo ho visto la cima del palazzo. Lassù, negli anni Settanta, c'era l'abbaino con l'archivio di Avanguardia Operaia. Lì avevano schedato anche te, e dopo di te chi partecipò ai tuoi funerali. Qualcuno, il giorno della tua aggressione, salì fin lassù per recuperare la fotografia che ti avevano scattato quando eri stato costretto a cancellare le scritte fasciste dai muri della tua scuola, poi discese le scale di corsa, per andare all'appuntamento con i tuoi assassini. L'eccitazione. L'adrenalina. La gioia. Sì, anche la gioia di contribuire attivamente alla campagna di antifascismo militante. I passi affrettati, la luce di quella mattina di marzo fuori dal buio dell'androne. Con i fascisti non si parla. Hazet 36 fascista dove sei.

Quella stessa mattina, sono andato in via Paladini. Ecco, in corrispondenza del numero 15, il murale rosso sangue con il tuo nome, la targa, una corona di fiori. Di fianco al portone di quel palazzo, un'agenzia immobiliare. Di fronte, le vetrine di un ferramenta: proprio il tipo di negozio dove da sempre si vendono, tra le altre cose, chiavi inglesi. Devono essere state queste le vetrine davanti a cui alcuni dei tuoi aggressori si appostarono per aspettarti. Il traffico delle auto. L'aria frizzante della primavera alle porte. Muti, dovettero starsene muti. Uno si accese una sigaretta. Poi, il rumore di un motorino in arrivo. Tu, in sella al tuo Ciao, con i tuoi capelli lunghi. Impossibile sbagliarsi. Un «Eccolo!» sibilato agli altri. Facesti giusto in tempo a spegnere il motore e a scendere dal Ciao. Non avesti modo di legarlo. Ti furono addosso. Le tue grida. Le tue mani alzate. Le tue gambe che cercavano di metterti in salvo, inutilmente. L'inciampo nel motorino, la caduta a terra. Altri colpi. Il crack della tua testa che si rompeva. Il calore del sangue. Una voce lontana: «Smettetela! Lasciatelo stare! Lo state ammazzando!». I passi di corsa dei tuoi aggressori in fuga. Frammenti del tuo cervello nella pozza rossa sull'asfalto. Uccidere un fascista non è reato.

A casa, dovesti pensare in quei pochi secondi. Devo arrivare a casa. A casa sarò salvo. Non te ne diedero la possibilità.

Non arrivasti mai. Non arrivasti mai in quella casa dove, bambino, avevi mosso i primi passi. Non arrivasti mai in quella casa dove anche tu da piccolo ascoltavi in un mangiadischi portatile arancione i 45 giri con le canzoni tipo *44 gatti* o *Casa dei matti numero zero* cantate dal coro dell'Antoniano e rese celebri dal festival "Lo Zecchino d'Oro". Anche tu imparasti a pedalare senza rotelle grazie a tuo padre che un giorno le tolse dalla bici assicurandoti che ti avrebbe tenuto, salvo poi lasciarti così da farti provare la meraviglia di saper superare quella prova d'equilibrio fin lì insormontabile? Anche tu un anno per Natale ricevesti in dono un'autopista? Anche tu non vedevi l'ora di scoprire quale fosse la sorpresa contenuta nei sacchetti delle patatine Pai? Anche tu adoravi il Croccante Algida all'amarena? Anche tu giocavi a calciobalilla? Anche tu ridevi a crepapelle per le imitazioni di Alighiero Noschese o per gli sketch in cui Paolo Villaggio interpretava Fracchia o il dottor Krantz? Anche tu fissavi ipnotizzato davanti alla tv l'ombelico di Raffaella Carrà? Anche tu venisti portato al cinema dai tuoi a vedere *Il padrino*? Anche tu guardavi sul "primo" *Il segno del comando* con Ugo Pagliai e Carla Gravina? Anche tu ti appassionasti ad *Attenti a quei due* con Tony Curtis e Roger Moore nei panni di Danny Wilde e Brett Sinclair? Anche tu ti innamorasti di Janet Agren quando sempre sul "primo" passò *L'amaro caso della baronessa di Carini*? Ah, no. Tu Janet Agren non facesti in tempo a vederla. Quello sceneggiato andò in onda dal 23 novembre al 15 dicembre 1975. Quando venne trasmesso, e io come tanti m'innamorai di quella bellezza svedese, tu eri già stato ucciso.

26

A Milano, racconta il documentario *Milano Burning*, c'è un piccolo giardino intitolato a te, con tanto di altalene, scivolo e tavolo da ping-pong. Si trova a Città Studi, è frequentato da bambini, pensionati e studenti, che sulle sue panchine si fermano a leggere o a baciarsi. Tu ne saresti felice: forse lo sei, non ci è dato sapere. Nel documentario compaiono diversi protagonisti di quegli anni, e attraverso le loro testimonianze viene ricostruito il clima dell'epoca, a cominciare dal rapporto del prefetto Libero Mazza, che ignorato dai suoi superiori metteva in guardia contro la militarizzazione di migliaia di giovani di estrema sinistra. È grazie a *Milano Burning* che è possibile vedere e ascoltare ancora tua madre, oltre che alcuni tuoi amici, e persone che per un motivo o per l'altro ti incrociarono nel corso della tua breve esistenza.

Tua madre: "Sergio era interista, e aveva le figurine con gli autografi dei giocatori dell'Inter. Ma io non l'ho mai detto che tifava per l'Inter, nella mia testa bacata pensavo: e se poi se la prendono anche coi giocatori?".

Paola Frassinetti, allora anche lei nel Fronte della Gioventù e oggi parlamentare di Fratelli d'Italia e sottosegretario di Stato per l'Istruzione e il Merito: "Il clima nelle scuole era incredibilmente violento, nei nostri confronti c'era una discriminazione anche esistenziale, personale, in sostanza la nostra vita all'interno delle scuole era una vita di pericolo continuo. Dovevamo stare attenti la mattina quando entravamo, ma era pericoloso anche passeggiare nei corridoi nell'intervallo perché si era sempre soggetti a minacce, ed era rischioso anche uscire: spesso venivano ad aspettarci anche picchiatori esterni. Ci buttavano fuori, costringendoci a cercare rifugio in presidenza, e a uscire accompagnati dai professori attraverso un cordone di gente che ci prendeva a calci e ci sputava addosso, a me personalmente è capitato. Mio papà un giorno venne in presidenza a prendermi, mi ricordo che era un sabato perché dovevamo andare in campagna, e dovette assistere a questo travaglio della mia uscita dalla scuola. Poi una mattina mi sottrassero il diario, su cui avevo segnato alcuni appuntamenti del Fronte della Gioventù. Quindi venne appeso un manifesto, dal titolo 'Isoliamo i fascisti' in cui questi esterni della Statale, che mi avevano sequestrato il diario e poi l'avevano consegnato all'interno della scuola, avevano provveduto a fare il cosiddetto tazebao con i miei appunti".

Giuseppe Simone, un tuo amico: "Noi la politica l'abbiamo vissuta marginalmente. Eravamo ragazzi normali, andavamo al bar a giocare a flipper, e facevamo disperare il proprietario che più di una volta ci cacciò perché avevamo rotto il vetro con la pallina, ma giocavamo a pallone, a palle di neve. Sergio aveva un carattere forte, si faceva rispettare, era abbastanza deciso e determinato, ed era un bel ragazzo, piaceva alle ragazze. Lui faceva il centrocampista, non ci vedeva bene ma non lo voleva ammettere. E ricordo che una sera eravamo andati allo Scaglione perché c'erano i tornei di calcio serale, e noi ci eravamo arrampicati su un muro perché non volevamo pagare, e a un certo punto era arrivato il custode e aveva iniziato a correrci dietro, e noi per prenderlo in giro gli dicevamo 'occhio al fosso' e lui saltava ma il fosso non c'era. È stato uno spasso".

La tua amica Anna Boni: "Io al liceo scientifico entrai nel Movimento Studentesco, facendo le occupazioni, le manifestazioni. Era un ragazzo speciale, che amava vivere. Ricordo che scherzando ci prendevamo in giro lui cantando *Faccetta nera* e io *Bandiera rossa*. Consideriamo che lui andava al Molinari, che era una fabbrica di delinquenti. Quando si andava alle manifestazioni nessuno di noi voleva stare vicino a quelli del Molinari. Sergio ne ha patite tante. Ha subito sputi, schiaffi... Il Molinari era allora una delle scuole più rosse di Milano, un giorno sì e un giorno no c'erano i picchetti e Sergio era un ragazzo che voleva studiare e prese delle posizioni che allora non venivano accettate, cioè voler entrare nonostante il picchetto davanti alla scuola per seguire ugualmente le lezioni. La maggior parte delle volte doveva essere il papà ad accompagnarlo perché altrimenti lo picchiavano...".

Giuseppe: "Il suo sbaglio secondo me è stato fare quel tema famoso che gli ha segnato il destino".

Anna: "Ma perché? Tu hai tutto il diritto di dire quello che pensi, tutto il diritto di entrare a scuola se vuoi entrare a scuola, perché un conto era un picchetto ogni quindici giorni, ma il Molinari era una cosa pazzesca".

Giuseppe: "Sergio si è iscritto al Fronte della Gioventù per reazione a quello che gli avevano fatto. Lui aveva fatto questo tema contro le Brigate Rosse che venne portato in assemblea, dove lo additarono come fascista e venne minacciato, e lui per reazione si è iscritto al Fronte perché credeva che questo lo avrebbe aiutato".

Anna: "Da lì è nato tutto. Io glielo dissi: guarda che hai fatto una cretinata. Ma lui lo ha fatto per difendersi, per sentirsi protetto. Poi magari avrà fatto anche la cretinata di andare la sera ad attaccare qualche manifesto, ma lo facevano anche i ragazzi di sinistra e non credo che questi siano morti sprangati per questo".

Gianluca: "Io di Sergio Ramelli ho un ricordo politico e

anche personale molto vivo ancora oggi. Lui era fiduciario del Fronte della Gioventù al Molinari ma data la sua intraprendenza e voglia di fare politica e serietà lo avevo anche nominato responsabile giovanile di sezione. Allora a Milano esistevano varie sezioni periferiche, e lui in quella di via Olindo Guerrini si era comportato molto bene perché aveva attivato il gruppo giovanile della zona. Oltretutto era nata una buona amicizia nonostante la differenza di età, perché io allora avevo già venticinque o ventisei anni".

Paola: "Sergio frequentava assieme a me il Fronte della Gioventù e quindi l'ho conosciuto in via Mancini, alle riunioni che facevamo sulla scuola, in quanto eravamo entrambi fiduciari dei nostri rispettivi istituti, lui dell'Istituto Tecnico Molinari e io del Liceo Classico Carducci. Era un ragazzo silenzioso, coraggioso perché frequentava una scuola molto turbolenta".

Guido Giraudo: "Ricordo molto bene questo ragazzo con i capelli lunghi che incontrai nella sede di via Mancini e ricordo che chiesi a un dirigente: ma chi è questo capellone, cosa per noi abbastanza inusuale".

Paola: "Un episodio che mi ha sempre colpito e mi è rimasto impresso è stato quando dopo la morte del giovane studente greco Mikis Mantakas, ucciso a Roma nel quartiere Prati da una rivoltellata per mano di un estremista di sinistra, siamo usciti ad attaccare un manifesto bianco molto semplice fatto dal Movimento Sociale firmato anche dal Fronte della Gioventù, listato a lutto, e la scritta ONORE A MIKIS MANTAKAS, e lo abbiamo attaccato nel quartiere e c'era anche Sergio, me lo ricordo perché portava spesso un impermeabile blu, e naturalmente i capelli lunghi".

Gianluca: "Quando diedi le dimissioni, feci il giro delle sezioni per salutare i ragazzi. Sergio mi regalò questa bandiera, che campeggiava dietro il banco della sua sezione. Tre mesi dopo è successo quello che è successo".

Giuseppe: "Quel giorno lì l'ho lasciato al bar e sono tornato a casa. Dopo una decina di minuti, il mio vicino di casa che aveva il balcone che dava su via Paladini è venuto a dirmi: guarda che è successo qualcosa, vai giù a vedere. Sono sceso e l'ho trovato a terra con la testa rotta".

Anna: "Mi ricordo, quando era ricoverato, che ho passato quarantacinque giorni davanti a quella porta".

Tua madre: "Un giorno è venuto il suo allenatore. Ha voluto vederlo. Gli ha detto: Sergio, sbrigati a stare meglio che devi tornare a casa e poi andiamo ad allenarci. Lui aveva le lacrime agli occhi, perché capiva anche se non parlava. Aveva sempre un braccio a penzoloni, non lo muoveva perché era paralizzato".

Anna: "Il 17 aprile ha parlato. Ha chiesto alla mamma una Coca-Cola e i libri di scuola, perché si doveva preparare per la maturità. Il 19 aprile sembrava fuori pericolo. Poi, la pleurite".

Paola: "Il partito fece un manifesto uguale a quello stampato per Mantakas, cambiava solo il nome del ragazzo caduto. L'abbiamo affisso nei dintorni di via Mancini, e mi ha fatto molta impressione, perché guardando i militanti e gli amici che erano con me mi sono resa conto davvero che lui non c'era più, e vedendo il suo nome sul manifesto mi sono chiesta: chi sarà il prossimo?".

Guido: "Fui uno di quelli che fecero il picchetto d'onore, due giorni e due notti sotto casa sua. Poi, quando dall'obitorio si tentò di fare un corteo funebre, ci fu una carica della polizia. Qualcuno di noi venne caricato sui cellulari e portato via. Un giornale il giorno dopo scrisse che era nato un nuovo reato: il funerale sedizioso".

Anna: "Non ci fu permesso di fare il corteo funebre. Fu molto doloroso".

Leo Siegel: "Quello che accadde fuori dall'obitorio fu davvero indecente. L'obitorio distava meno di un chilometro dalla chiesa, e poche centinaia di metri dalla casa dei Ramelli. C'era gente del quartiere che voleva accompagnarlo ma non fu consentito. Tomaso Staiti venne caricato su una camionetta e portato via. Ricordo l'indignazione di un prete, Fratel Bertrando, che aveva fatto il partigiano. Disse: non è questa l'Italia per cui abbiamo combattuto".

Guido: "Intanto dalle finestre della facoltà di Medicina degli studenti, forse i complici, forse gli assassini stessi, fotografavano i partecipanti. Le foto vennero trovate nello schedario di viale Bligny, sotto la scritta 'Piangono per un fascista morto'".

Leo Siegel: "Non scagiono il ministero degli Interni, e la Democrazia Cristiana, che ne era tenutaria".

Guido: "Il feretro arrivò scortato dalla polizia a sirene spiegate. Venne portato a braccia da quattro militanti del FUAN e da Almirante e Servello. Il clima era terribile. Rabbia, dolore".

Anna: "C'erano i poliziotti col fucile intorno alla chiesa".

Leo: "C'era anche il suo allenatore".

Susanna: "C'erano tantissimi giovani. La nostra basilica, che è una delle più grandi di Milano, era strapiena di gente".

Leo: "Fu sepolto a Lodi. Perché c'era la tomba di famiglia, dice qualcuno. Per evitare che la tomba fosse bersaglio da qualche vilipendio, dice qualcun altro".

Guido: "Per anni vennero fatte scritte sul portone e sui muri, la lapide distrutta, buttata immondizia nel luogo dove era morto".

Tua madre: "Quando Luigi si è allontanato, è stata la polizia ad accompagnarlo a Lodi. Per anni abbiamo ricevuto telefonate e lettere anonime. Tiravano fuori piazzale Loreto, dicevano che avrebbero dovuto anche cavargli gli occhi. Una volta mi sentii dire: se non fosse il figlio di una scrofa non sarebbe venuto al mondo un maiale".

Anna: "Per anni sotto casa Ramelli sostò una gazzella dei carabinieri. La figlia Simona doveva essere accompagnata a scuola".

Tua madre: "Avessimo avuto un cane, sarebbe stato preso per fascista anche lui".

Guido: "Quando dieci anni dopo vennero trovati gli assassini, e due anni dopo iniziò il processo, le telefonate e le scritte ricominciarono".

Tua madre: "Il telefono squillava. Suo papà mi diceva: non rispondere. Simona era bambina, ci guardava".

Anna: "Se moriva uno di sinistra era un martire. Se moriva uno di destra, amen".

Anna: "Sono stata emarginata a scuola, perché ero amica di Sergio Ramelli. Avevo molti amici al liceo, che erano amici di sinistra e che mi hanno esclusa dalla loro vita perché ero amica di Sergio Ramelli. Sergio è stato strumentalizzato in un modo tale che poi tutto quello che ruotava intorno a lui è stato strumentalizzato nello stesso modo".

Tua madre: "Io l'unica cosa che dico è che ho avuto giustizia. A me non interessava che gli davano un giorno o più. M'importava di togliere all'opinione pubblica l'idea 'chissà lui che cosa avrà fatto'".

Guido: "Eppure questa vergognosa solidarietà nei confronti degli assassini è continuata per tutti questi anni".

Paola: "Finalmente un giorno è stata affissa una targa nella biblioteca del Molinari, sopra la porta però, che non la vedesse nessuno. Una commemorazione fu scandalosa, la preside non fece venire gli studenti. Mi sono battuta per far spostare la targa, sempre nella biblioteca ma in un luogo più visibile. Ma ancora oggi alcuni professori del Molinari non intendono far sapere che cosa è successo a Sergio".

Quando gli autori del documentario su di te chiesero al preside di poter filmare la targa, questi non li autorizzò. E quando gli scrissero per ricordargli che la Costituzione garantisce a tutti il diritto allo studio, non rispose. Intanto, sono ormai decine le città che hanno intitolato vie, piazze o giardini pubblici alla memoria di Sergio Ramelli.

Un'altra mattina di marzo in quel giardino ho incontrato Guido Giraudo, il primo a scrivere un libro su di te. Stava organizzando per il 13 di quel mese, la data della tua aggressione, una giornata in tua memoria. A un certo punto, parlando di te, si è commosso. "E dire che l'avrò incrociato due o tre volte nella sede dell'MSI di via Mancini, all'epoca non sapevo nemmeno come si chiamasse, per precauzione usavamo tutti dei soprannomi. Io Sergio l'ho conosciuto dopo, quando non c'era più. Ma lui c'è. C'è sempre." Ho annuito. Sapevo ciò che sentiva. Conoscevo quelle lacrime. È grazie a lui che un giorno di sole ho incontrato tua sorella Simona. Abbiamo pranzato in una tavola calda a pochi passi dal Duomo. Lei mi ha dato l'impressione di essere una donna gentile, dolce. Le ho chiesto di te. Se di te aveva qualche ricordo particolare. Simona ha scosso la testa. «Avevo appena nove anni quando Sergio è morto in quel modo. Non so più se quello che ricordo è davvero un mio ricordo o se credo che lo sia perché me lo hanno raccontato. Era un fratello affettuoso.» Ho pensato allo shock di quella bambina. Al suo dolore. Alla paura. Non ho insistito.

27

Può esserci una storia condivisa? Più di una volta ne ho parlato con Giorgio Bazzega. Entrambi siamo giunti alla conclusione che no, non ci può essere. Ciascuno ha la sua storia. Ma ogni storia merita rispetto. Ogni storia ha il diritto di essere raccontata. Anche se stava dalla parte sbagliata della Storia. La storia di Walter Alasia, raccontata da me, non potrà mai coincidere con quella di Sergio Bazzega, raccontata da Giorgio. Ma insieme abbiamo scoperto quel rispetto reciproco che ci fa fare un passo indietro nel momento in cui le rispettive storie, pur sovrapponendosi, non coincidono, perché non possono coincidere. Così è, credo, per tutte le storie figlie della guerra civile che ha attraversato e diviso l'Italia a partire dall'8 settembre 1943, un conflitto fratricida che non si concluse con il 25 aprile 1945 e con i fatti di sangue che provocarono ulteriori lutti nell'immediato dopoguerra ma che riprese il 12 dicembre 1969 e che, una volta finito il decennio lungo del secolo breve, non ha mai smesso di covare sotto la cenere e serpeggia ancora oggi, benché in altre forme fortunatamente non sanguinose.

L'elenco dei morti dei cosiddetti anni di piombo, che andrebbe sommato a quello di chi perse la vita nel biennio 1943-1945, è purtroppo lunghissimo, e ciascuna di quelle persone che oggi non ci sono più andrebbe raccontata e ricordata per cercare – una volta di più – non di giustificare, ma di comprendere ciò che accadde. In alcuni casi, lo si è fatto. Ma non basta. Da parte mia, ho scelto di raccontare la storia di Sergio Ramelli per diversi motivi. In ordine sparso: era coetaneo di mio cugino Walter Alasia. La politica certo li divideva ma non poche cose li accomunavano. Entrambi vennero uccisi a causa delle loro idee. Al contrario di Walter, però, Sergio non aveva commesso alcun atto violento. Tutti e due anelavano a un mondo diverso. Con ogni probabilità, se a metà degli anni Settanta si fossero incrociati sarebbe stato in occasione di uno scontro tra opposte fazioni. Sta di fatto che dopo l'uscita di *Il tempo di vivere con te* e le reazioni suscitate da quel libro mi sono detto che anche se nel caso di Sergio Ramelli non c'è tra me e lui alcun legame la sua storia andava raccontata.

Sergio Ramelli non si sognò mai di mettere una bomba e mai picchiò qualcuno. Al contrario, venne perseguitato e ucciso per il semplice fatto di avere manifestato idee contrarie a quelle della maggioranza dei suoi coetanei. E chi ancora oggi e nel corso degli anni e dei decenni giudica scandaloso che lo si ricordi non si rende conto di quanto fosse vero ciò che il PCI sostenne nel momento in cui partì la campagna per lo scioglimento dell'MSI: ovvero che gli elettori non si sciolgono. Le idee si combattono con le idee, non con la cancellazione di quelle diverse dalle nostre. E la storia di Sergio Ramelli, essendo la storia di un ragazzo che è stato cancellato dalla faccia della Terra unicamente per le sue idee, è da questo punto di vista esemplare: perciò non va né rimossa né dimenticata.

Bisognerebbe raccontare le storie di tutti. Quelle dei poliziotti della scorta di Moro massacrati dai brigatisti in occasione del suo rapimento, e di ciascun membro delle forze dell'ordine; quelle dei brigatisti trucidati a Genova dai carabinieri del generale Dalla Chiesa in via Fracchia e di tutti gli appartenenti alla lotta armata; quelle di chi nelle carceri speciali patì sofferenze indicibili e venne torturato dalle squadre che facevano la spola tra le carceri speciali;[27] quelle di ogni singola persona morta nelle stragi; quelle dei ragazzi uccisi perché erano o sembravano di sinistra e quelle dei loro coetanei ammazzati perché erano o sembravano di destra. E poi dei magistrati, dei sindacalisti, dei giornalisti. Vite spezzate, famiglie distrutte, oceani di dolore. E il potere? Sempre lì, immutabile.

Tu non sai quante volte io mi sia chiesto in tutti questi anni come sarebbe potuta essere la vita di Walter se. Se quella mattina non avesse sparato, risparmiando la vita a Sergio Bazzega e Vittorio Padovani, e si fosse fatto – quanti anni di galera, visto che fino a quel momento non aveva ammazzato nessuno? Già, ma lui sparò per primo proprio per non farsi catturare, perché nonostante avesse appena vent'anni sapeva già troppe cose e sapeva anche che avrebbero trovato il modo per fargliele dire. O se, ancora, non avesse chiamato sua madre, dicendole che sarebbe passato a salutarla, senza sapere che il telefono di casa era sotto controllo, e fosse arrivato a Firenze, com'era nei piani dell'organizzazione, e Franco Bonisoli che lo aspettava a Santa Maria Novella lo avesse poi portato a Roma, perché questi erano i piani, per farlo entrare nella colonna romana delle BR, e avesse poi preso parte all'uccisione della scorta di Aldo Moro, al rapimento di questi e magari alla sua detenzione e morte. Sarebbe poi riuscito a fuggire, in Francia o in Nicaragua? O sarebbe invece incappato un giorno qualsiasi in un posto di blocco e, processato e condannato, avrebbe passato in carcere venti o trent'anni della sua unica e sola vita? E se invece non fosse entrato nelle Brigate Rosse, e grazie al suo talento di disegnatore avesse piuttosto creato un personaggio capace di incarnare sulla carta un'intera generazione, come lo Zanardi di Andrea Pazienza, o più semplicemente avesse fatto l'operaio come i suoi genitori, e messo al mondo dei figli che poi avrebbero giocato con i miei come lui con me? Sua madre Ada non sarebbe morta di crepacuore. Sergio Bazzega e Vittorio Padovani sarebbero ancora vivi. I loro figli non sarebbero cresciuti orfani di padre. La vita di tutti noi sarebbe stata diversa, e di certo meno segnata dal dolore. Se, se, se.

E tu, Sergio? Se tu, pur non condividendo nulla di quanto vedevi attorno a te avessi scelto di tacere, di non esprimere ciò che sentivi in quel tema? Se tu non avessi varcato un giorno la soglia della sede dell'MSI di via Mancini e non fossi entrato nel Fronte della Gioventù? O se ti fossi spaventato a tal punto da chiedere ai tuoi genitori di andare a vivere a Lodi, così da lasciarti alle spalle il clima rovente che si respirava a Milano? Se avessi potuto finire le superiori e iscriverti a Chimica e magari fossi riuscito a intraprendere una carriera universitaria? Anche tu un giorno avresti messo al mondo dei figli, dando questa gioia a tua madre e a tuo padre, che non sarebbe morto a sua volta di crepacuore, e tuo fratello sarebbe stato per loro lo zio Luigi, e tua sorella la zia Simona, e tu avresti giocato a pallone con loro. Se, se, se. Ma già: tu come Walter avevi un fuoco dentro. Il fuoco della passione politica. L'idea che con il tuo impegno avresti potuto contribuire a cambiare il mondo. Non avevi paura di esporti, di batterti per ciò in cui credevi.

Valerio Fioravanti un giorno arrivò in via Acca Larentia, dove si era precipitato non appena gli avevano detto dell'eccidio. Con i suoi occhi aveva visto i camerati passarsi di mano in mano una bandiera intinta nel sangue dei due giovani che erano stati uccisi. "La morte io non l'avevo mai vista veramente, né la vidi ad Acca Larentia. Sapevo che erano morti due ragazzi, che un terzo era stato ucciso da un carabiniere, ma quello che era successo sfuggiva del tutto alla mia comprensione, non capivo come si potesse andare fuori da una sezione a sparare a dei ragazzini di diciott'anni. Eppure questa situazione non era nata per caso, l'odio era reciproco." In quel momento, si chiese che cosa dovesse fare. "Se essere al fianco dei miei amici oppure essere ancora una volta colui che, con la scusa di far ragionare la mente, trova poi il modo di mettersi due metri più indietro." Mettersi due metri più indietro, già. E, così facendo, salvare la pelle. Ci riflettesti quella mattina, a scuola, seduto al tuo banco, nel momento in cui ti ritrovasti con la penna in mano davanti a quel foglio bianco? Certo non potevi immaginare che il tuo tema sarebbe stato reso pubblico in quel tazebao. Ma per quanto ho potuto capire di te, lo avresti scritto lo stesso. Non per provocazione, ma perché non scrivere ciò che pensavi sarebbe equivalso a tradire ciò in cui credevi, e dunque tradire te stesso. Così avvicinasti la penna al foglio bianco, e iniziasti a scrivere: senza sapere che quelle parole sarebbero state la tua condanna a morte.

Non ti ho conosciuto di persona, dunque perdonami se in queste mie pagine hai trovato qualche inesattezza, come forse nel caso di quella vostra ultima cena in famiglia. Non ero presente. Ho dovuto immaginarmi quel che vi diceste. Sappi solo che ho cercato, dalla prima all'ultima riga, di essere onesto. Ciao, Sergio.

Note

[1] In realtà la guerra civile in Italia ha conosciuto finora tre fasi distinte. La prima fase ebbe inizio con il cosiddetto Biennio Rosso nel 1919, contrassegnato dagli scioperi e dalle rivolte operaie e contadine scoppiate in tutta Italia in seguito alla grave crisi economica seguita alla Grande Guerra. La reazione fascista in risposta alla violenza dei rossi di fatto fece fallire l'idea di importare da noi la Rivoluzione sovietica e portò di lì a poco alla Marcia su Roma. La seconda fase fu quella del 1943-45, più limitata nel tempo, nella geografia e nel numero delle persone coinvolte ma si rivelò spietata negli esiti: la maggior parte dei morti tra i fascisti si ebbe dopo il 25 aprile 1945. La terza fase, che nei quindici anni che vanno dal 1969 al 1984 comprende anche le stragi di Stato, vide 14.495 attentati di varia natura e entità e fece 394 morti e 1033 feriti.

[2] Si tratta di Guido Giraudo, Andrea Arbizzoni, Giovanni Buttini, Francesco Grillo e Paolo Severgnini, autori del libro *Sergio Ramelli. Una storia che fa ancora paura*, oggi edito da Idrovolante Edizioni. Vero e proprio caso editoriale malgrado sia stato pubblicato in proprio dagli autori per poi venire edito nel 2007 da Sperling & Kupfer: il primo all'epoca dei fatti era vicedirettore del "Candido" e dirigente nazionale del FUAN, e frequentava la sede milanese del Movimento Sociale Italiano in via Mancini, gli altri tre erano iscritti a loro volta alla sezione di Monza del Fronte della Gioventù – Azione Giovani; il volume ricostruisce puntualmente, anche grazie alla testimonianza della signora Anita Pozzoli, tua madre, l'omicidio, le reazioni della stampa e il processo agli autori dell'aggressione del 13 marzo 1975. Significativo il fatto che non abbia trovato un editore "maggiore" disposto a darlo alle stampe: vedi il sottotitolo. Nel libro, che col suo sforzo di documentazione è stato per me uno strumento prezioso per ricostruire la tua vicenda terribile, è innanzitutto tua madre Anita a raccontare chi fossi. Quando il libro è uscito per Sperling & Kupfer, Luca Telese ha raccontato nella prefazione: "La prima edizione di *Ramelli. Una storia che fa ancora paura* era uscita nel 1987 come un documento clandestino e di comunità, ed era invece destinata a suscitare uno dei più grandi successi di vendita fuori dai circuiti

ufficiali che si ricordi in questo paese. Cinque edizioni, 16mila copie vendute banchetto per banchetto, una lista di presentazioni e un viaggio in giro per l'Italia nel nome di Sergio che possono essere comparati solo alle tappe della tournée di qualche pop star, o a un viaggio elettorale. Invece, non si trattava né della prima né della seconda ipotesi. Gli autori che firmavano (e firmano) quel libro erano cinque, e perfettamente sconosciuti al grande pubblico, solo uno di loro, Guido Giraudo, era un giornalista professionista, ex vicedirettore del "Candido" negli anni Settanta. Il libro se l'erano stampato praticamente da soli. E per di più, quando era uscito non ne aveva scritto nessuno: non una recensione, non un trafiletto, nemmeno una segnalazione sui giornali seri. Ma tutte queste cose messe insieme, per quanto interessanti, non basterebbero a giustificare una ristampa, se non ci fosse un elemento in più, e decisivo: l'inchiesta. Ecco, l'inchiesta, in Italia, nel panorama vaniloquente e un po' gaglioffo della stampa italiana, è un genere estinto o inflazionato. Se lo ricordo, è perché questi 'non professionisti' che nel 1987 si mettono a scavare sul Caso Ramelli in realtà danno una lezione che sarebbe utile a molti. Sono di destra, certo, e sono motivati da un desiderio di battaglia memoriale: ma si tratta di una battaglia civile, prima ancora che politica. E poi sono terribilmente rigorosi. Non si perdono in mille fronzoli, non inseguono la bella pagina, lavorano di olio di gomito e di archivio, setacciano le emeroteche, raccolgono le testimonianze. Sono di parte? Certo: ma hanno un metodo e una cifra scientifica: il loro lavoro è utile a chiunque voglia ripercorrere quel sentiero di storia italiana". Altrettanto prezioso è il lavoro di documentazione e preservazione della memoria svolto in tutti questi anni da Claudio Volante, che gestisce il sito www.sergioramelli.it.

[3] Cessazione immediata di ogni attività ostile da parte delle Forze Armate Italiane. 2) L'Italia farà ogni sforzo per rifiutare ai tedeschi tutto ciò che potrebbe essere adoperato contro le Nazioni Unite. 3) Tutti i prigionieri e gli internati delle Nazioni Unite saranno consegnati immediatamente al Comandante in Capo alleato e nessuno di essi potrà ora o in qualsiasi momento essere trasferito in Germania. 4) Trasferimento immediato della flotta italiana e degli aerei italiani in quelle località che saranno designate dal Comandante in Capo alleato, con i dettagli di disarmo che saranno fissati da lui. 5) Il naviglio mercantile italiano potrà essere requisito dal Comandante in Capo alleato per supplire alle necessità del suo programma militare-navale. 6) Resa immediata della Corsica e di tutto il territorio italiano, sia delle isole che del continente, agli alleati, per essere usati come base di operazioni e per altri scopi, a seconda delle decisioni degli alleati. 7) Garanzia immediata del libero uso da parte degli alleati di tutti gli aeroporti e porti navali in territorio italiano, senza tener conto dello sviluppo dell'evacuazione del territorio italiano da parte delle forze tedesche. Questi porti navali e aeroporti dovranno essere protetti dalle Forze Armate italiane finché questo compito non sarà assunto dagli alleati. 8) Immediato richiamo in Italia delle Forze Armate italiane da ogni partecipazione alla guerra, in qualsiasi

zona in cui si trovino attualmente impegnate. 9) Garanzia da parte del Governo italiano, che, se necessario, impiegherà tutte le sue forze disponibili per assicurare la sollecita e precisa esecuzione di tutte le condizioni dell'armistizio. 10) Il Comandante in Capo delle Forze alleate si riserva il diritto di prendere qualsiasi misura che egli riterrà necessaria per la protezione degli interessi delle Forze alleate, per la prosecuzione della guerra, e il Governo italiano si impegna a prender quelle misure amministrative e di altro carattere, che potranno essere richieste dal Comandante in Capo, e in particolare il Comandante in Capo stabilirà un Governo militare alleato in quelle parti del territorio italiano, ove egli lo riterrà necessario nell'interesse militare delle Nazioni alleate. 11) Il Comandante in Capo delle Forze alleate avrà pieno diritto di imporre misure di disarmo, di smobilitazione e di smilitarizzazione. 12) Altre condizioni di carattere politico, economico e finanziario, che l'Italia dovrà impegnarsi ad eseguire, saranno trasmesse in seguito.

[4] Il primo festival, intitolato "Freefolkpop", si tenne ai prati di Montalbano nel comune di Ballabio in Valsassina, non lontano da Lecco, di fronte a circa 8000 persone che non dovettero pagare un biglietto d'ingresso: nella mensa popolare allestita per il pubblico un pasto costava 100 lire. Malgrado l'affluenza non si registrarono incidenti: tre giovani vennero arrestati per detenzione e spaccio di stupefacenti e altri cinque per possesso di sostanze eccitanti. L'edizione del 1972 ebbe luogo dal 16 al 18 giugno nei dintorni del comune di Zerbo, in provincia di Pavia, davanti a 30.000 persone. Neanche in quest'occasione ci furono incidenti. Le autorità mobilitarono circa 200 tra carabinieri e agenti di polizia del nucleo antidroga. L'edizione del 1973 si tenne al confine tra i comuni di Erba e Albavilla in provincia di Como, per la precisione nell'altopiano dell'Alpe del Viceré, ma il sindaco socialcomunista di Albavilla Giovanni Pontiggia si oppose allo svolgimento del festival malgrado fosse stato autorizzato dalla questura di Como. Vennero così a mancare sia il palco sia l'elettricità: per averli, i 25.000 partecipanti dovettero attendere l'arrivo di Franco Battiato, che si esibì in due concerti, uno al pomeriggio e l'altro alla sera. Tra gli ospiti di queste prime tre edizioni: Stormy Six, Lucio Dalla, Alberto Camerini, Francesco Guccini, Banco del Mutuo Soccorso, Eugenio Finardi, PFM, Paolo Pietrangeli, a cui si aggiunsero nel 1974 artisti come Alan Sorrenti, Area, Edoardo Bennato, Pino Daniele.

[5] La scelta di battezzare il raduno come Campo Hobbit fu un omaggio al romanzo *Il signore degli anelli* di J.R.R. Tolkien. Alla fine degli anni Sessanta, Tolkien diventò – grazie alla sua pubblicazione presso un editore "di destra" come Rusconi e all'interpretazione in chiave tradizionalista della sua produzione letteraria, soprattutto a opera di Elémire Zolla – un punto di riferimento mitopoietico e simbolico per i ragazzi e le ragazze del Fronte della Gioventù, che nel frattempo avevano scelto come nuovo simbolo la croce celtica. Sta di fatto che mentre Pino Rauti, fondatore del Centro Studi Ordine Nuovo e sostenitore della tesi che il fascismo fosse stato non un movimento di destra ma di sinistra, iniziava a dialogare con il mondo giovani-

le missino, a sinistra nasceva il Movimento del '77 con le sue nuove istanze ribelliste, anarchiche, creative e rivoluzionarie, in contrasto con la linea del PCI: che da parte sua aveva ormai abbracciato l'idea del compromesso storico, deludendo così le aspettative rivoluzionarie di tanti giovani che a quel punto non si riconobbero più nel partito e gli preferirono le formazioni della variegata galassia extraparlamentare. Comunque: ispirati dalla corrente rautiana dell'MSI, i Campi Hobbit videro la luce insieme con l'idea che fosse possibile concepire quella Nuova Destra il cui organo era "La voce della fogna", pubblicazione fondata da Marco Tarchi. Il primo Campo Hobbit, organizzato da Generoso Simeone a Montesarchio, in provincia di Benevento, si tenne dall'11 al 12 giugno 1977 con l'obiettivo di chiamare a raccolta i militanti che volessero condividere quelle iniziative "metapolitiche" che incontravano le nuove istanze a cui guardavano i ragazzi e le ragazze del Fronte della Gioventù: musica, radio, grafica e temi sociali quali disoccupazione, condizione femminile e questione ecologica, lontani dalla linea tenuta fino a quel momento dall'MSI. Tra i gruppi che suonarono per i partecipanti alcuni di quelli che hanno fatto la storia della musica alternativa, quali gli Amici del Vento, La Compagnia dell'Anello, Roberto Scocco e gli Janus di Roma (il primo gruppo rock di destra). Intervistata su "Repubblica" da Grazia Longo, Flavia Perina ha ricordato: "Abbiamo vissuto il nostro '77 danzando sull'orlo degli anni di piombo. Eravamo stupidi, mitizzavamo un'epica quotidiana nutrita di scontro fisico, prigione e lutti, mentre c'era solo il disastro di una guerriglia asimmetrica in cui soccombevano i ragazzi lasciati di guardia al bidone di quella stagione di follia". Questa la testimonianza di Isabella Rauti: "Ci stavamo aprendo al mondo in anni terribili, cercavamo di esorcizzare il sangue, il lutto con la festa. Siamo noi che abbiamo imposto al MSI temi che oggi si definirebbero No Global: la questione dell'indipendenza irlandese, la questione palestinese, il mercato senza regole, l'ambiente, addirittura il pacifismo di Gandhi, poi evocato nelle sezioni più blindate". Gianni Alemanno, da parte sua, ha dichiarato: "Era la rottura con la cultura simbolica del partito, l'affermarsi di un gramscismo di destra che prevedeva l'uso della metapolitica per conquistare la società civile... ma dopo il terzo Campo Hobbit [tenutosi nel borgo disabitato di Camponeschi in Abruzzo nel 1980, *NdA*] erano evidenti ormai le due anime, quella estremista della violenza, rappresentata da Terza Posizione, che venne lì a provocarci, e quella dei giovani legati all'esperienza di un Sessantotto di destra, la voglia di superare la logica degli opposti estremismi... finimmo sulla prima pagina del 'manifesto', si erano finalmente accorti di noi". Roberto Fiore, all'epoca in Terza Posizione, poi in Forza Nuova, non è d'accordo: "Eravamo noi i veri rivoluzionari. Contestavamo il PCI a Roma mentre loro ascoltavano musica su un prato".

[6] Dopo la proiezione romana del film, presso il cinema Rouge et Noir, la sala venne devastata da un gruppo di giovani neofascisti, tra cui Giuseppe Valerio Fioravanti, fondatore dei NAR.

[7] Il principe Junio Valerio Borghese, ex comandante della X MAS, decorato durante la guerra dai tedeschi con la Croce di Ferro di Prima Classe, è per i ragazzi iscritti al Fronte della Gioventù un mito. Ne scrive così Giulio Salierno in *Autobiografia di un picchiatore fascista*: "Somigliava, come carattere, a un capitano di ventura rinascimentale. Di media statura, robusto, naso pronunciato, era un aristocratico a cui piaceva, a volte, comportarsi come un plebeo. Questo suo atteggiamento alla Giovanni dalle Bande Nere gli era costato un breve arresto nella RSI, ma aveva grandemente contribuito alla sua fama. Non era certo un fascista nel senso tradizionale del termine, e lui stesso dichiarava esplicitamente di non esserlo. Ciò non gli nuoceva: anche gli 'evoliani', pur snobbandolo, lo rispettavano. Viveva nel Ventesimo secolo credendo di essere nel Quindicesimo. Impolitico, coraggioso, teneva solo a ribadire il proprio ruolo di eroe, di combattente senza paura... lo ammiravo".

[8] Gli agenti della scorta dell'onorevole Aldo Moro erano Oreste Leonardi, Domenico Ricci, Raffaele Iozzino, Giulio Rivera e Francesco Zizzi, due carabinieri e tre poliziotti. Oreste Leonardi, nato a Torino nel 1926, orfano del padre caduto nel 1944 durante la Seconda guerra mondiale, marito della signora Ileana e padre di due figli, Sandro e Cinzia. Domenico Ricci, nato a Staffolo nel 1934, marito della signora Maria e padre di due figli, Giovanni e Paolo. Raffaele Iozzino, nato a Casola nel 1953. Giulio Rivera, nato a Guglionesi nel 1954. Francesco Zizzi, nato a Fasano nel 1948: di stanza a Parma ma fidanzato con Valeria, una ragazza di Latina, chiese il trasferimento a Roma.

[9] Riccardo Dura, nato a Roccalumera nel 1950, dopo aver fatto parte di Lotta Continua entrò tra il 1973 e il 1974 nelle Brigate Rosse e diresse la colonna genovese, uccidendo il commissario Antonio Esposito e il sindacalista della CGIL Guido Rossa. Lorenzo Betassa, nato a Torino nel 1952, operaio della Fiat Mirafiori, militante nella colonna torinese, membro del commando che uccise il presidente dell'ordine degli avvocati di Torino Fulvio Croce. Piero Panciarelli, nato a Torino nel 1955, operaio alla Lancia di Chivasso, partecipò all'omicidio del vicedirettore del quotidiano "La Stampa" Carlo Casalegno, ferì i funzionari Fiat Vincenzo Camaiani e Sergio Palmieri, e fu tra coloro che uccisero gli agenti di polizia Salvatore Lanza e Salvatore Porceddu e a Genova tra i membri del gruppo di fuoco che uccise i carabinieri Vittorio Battaglini e Mario Tosa. Annamaria Ludmann, nata a Chiavari nel 1947, insegnante presso il centro culturale Galliera, intestataria dell'appartamento in cui fu trucidata assieme ai suddetti il 28 marzo 1980 dai carabinieri del generale Dalla Chiesa in circostanze mai del tutto chiarite: secondo l'Arma i brigatisti vennero uccisi per aver reagito nel corso di un conflitto a fuoco, per le BR i loro compagni si erano arresi e si trattò di una vera e propria esecuzione. Le fotografie scattate dagli stessi carabinieri quella notte e rese pubbliche a distanza di molti anni, nel 2004, dal quotidiano genovese "Corriere Mercantile", mostrano i brigatisti allineati a pancia in giù lungo il corridoio dell'appartamento della Ludmann, disarmati e con le braccia alzate, le mani accanto alla testa.

[10] Il 7 gennaio 1978 cinque militanti del Fronte della Gioventù stavano uscendo dalla sede dell'MSI di via Acca Larentia 20 per fare un volantinaggio in vista del concerto del gruppo di musica alternativa Amici del Vento, quando vennero investiti dal fuoco di alcune armi automatiche proveniente da un commando formato da cinque o sei persone. Franco Bigonzetti di anni venti, iscritto al primo anno di Medicina e Chirurgia, morì sul colpo. Vincenzo Segneri, meccanico, ferito a un braccio, riuscì a riparare dentro la sezione assieme allo studente Giuseppe D'Audino e al responsabile dei comitati di quartiere Maurizio Lupini. Francesco Ciavatta, studente diciottenne, che era stato ferito, cercò invece di fuggire imboccando la scalinata accanto all'ingresso della sezione, ma inseguito dal commando venne colpito ancora alla schiena e morì durante il trasferimento in ospedale. Nelle ore successive un gran numero di militanti organizzò sul luogo un sit-in di protesta. Stando alle testimonianze, un giornalista gettò un mozzicone di sigaretta sul sangue rappreso di una delle vittime, e in seguito a questo scoppiarono dei tafferugli, con cariche delle forze dell'ordine e uso di lacrimogeni. Stefano Recchioni, militante della sezione di Colle Oppio e chitarrista del gruppo di musica alternativa Janus, venne ucciso da un colpo di pistola che lo colpì in piena fronte. Il capitano dei carabinieri Eduardo Sivori, indagato per questa uccisione, venne prosciolto per non aver commesso il fatto con sentenza definitiva il 21 febbraio 1983. Tra i presenti, Francesca Mambro, all'epoca militante del Fronte della Gioventù, che in seguito ricordò: "Eravamo pochi, ci conoscevamo più o meno tutti. Con Francesco Ciavatta, poi, avevamo militato insieme nel circolo di via Noto. La reazione immediata, mia e di tanti, fu la paralisi, come quando ti muore un parente. Ci guardavamo in faccia senza capire e senza sapere che fare, mentre dalle varie sezioni della città affluivano gli altri. Il Movimento Sociale Italiano non ebbe alcuna reazione nei confronti dei carabinieri, probabilmente per difendere interessi e posizioni che non avevano nulla a che fare con la nostra militanza. Noi ragazzini venivamo usati per il servizio d'ordine ai comizi di Almirante, quando serviva gente pronta a prendere botte e a ridarle, ma in quell'occasione dimostrarono che se per difenderci bisognava prendere posizioni scomode, come denunciare i carabinieri e il loro comportamento, allora non valeva la pena. Per la prima volta i fascisti si ribellarono alle forze dell'ordine. Acca Larenzia segnò la rottura definitiva di molti di noi con il MSI. Quell'atteggiamento tiepido e imbarazzato nei confronti di chi aveva ucciso Stefano (Recchioni, *NdR*) significava che erano disposti a sacrificarci pur di non mettersi contro le forze dell'ordine. Non poteva più essere casa nostra. Per la prima volta e per tre giorni i fascisti spareranno contro la polizia. E questo segnò un punto di non ritorno. Anche in seguito, per noi che non eravamo assolutamente quelli che volevano cambiare il Palazzo, rapinare le armi ai poliziotti o ai carabinieri avrà un grande significato. Che lo facessero altre organizzazioni era normale, il fatto che lo facessero i fascisti cambiava le cose di molto, perché i fascisti fino ad allora erano considerati il braccio armato del potere". L'uccisione di Franco Bigonzetti e Francesco Ciavatta fu

rivendicata dai Nuclei Armati per il Contropotere Territoriale tramite un'audiocassetta fatta ritrovare accanto a un distributore di benzina in cui la voce contraffatta di un giovane dichiarava: "Un nucleo armato, dopo un'accurata opera di controinformazione e controllo alla fogna di via Acca Larenzia, ha colpito i topi neri nell'esatto momento in cui questi stavano uscendo per compiere l'ennesima azione squadristica. Non si illudano i camerati, la lista è ancora lunga. Da troppo tempo lo squadrismo insanguina le strade d'Italia coperto dalla magistratura e dai partiti dell'accordo a sei. Questa connivenza garantisce i fascisti dalle carceri borghesi, ma non dalla giustizia proletaria, che non darà mai tregua. Abbiamo colpito duro e non certo a caso, le carogne nere sono picchiatori ben conosciuti e addestrati all'uso delle armi". Una delle armi utilizzate dal commando, una mitraglietta Skorpion, venne poi rinvenuta a Milano in via Dogali in un covo delle Brigate Rosse. Da esami balistici fu ricostruito che l'arma era stata usata anche in occasione di altri tre omicidi delle BR, quelli dell'economista Ezio Tarantelli, dell'ex sindaco di Firenze Lando Conti e del senatore democristiano Roberto Ruffilli. La provenienza iniziale dell'arma, come scoperto nel 2013 dopo un'interpellanza parlamentare, era singolare: acquistata nel 1971 dal cantante Jimmy Fontana, collezionista di armi, era stata da questi rivenduta nel 1977 a un commissario di polizia. A oggi le uccisioni di Franco Bigonzetti, Francesco Ciavatta e Stefano Recchioni restano impunite.

[11] Il 31 maggio 1972 morirono a Peteano tre militari dell'Arma, Donato Poveromo, di anni trentatré, Franco Dongiovanni, di anni ventitré, e Antonio Ferraro, di anni trentuno, mentre due loro colleghi rimasero feriti: i cinque erano stati attirati in una trappola da Vincenzo Vinciguerra, allora membro di Avanguardia Nazionale, che aveva abbandonato una Fiat 500 con due fori di proiettili in un luogo isolato dopo averla imbottita di esplosivo. Costituitosi nel 1979, Vinciguerra – che oggi sconta l'ergastolo perché, soldato politico, non si è mai né dissociato né pentito – fu il primo a parlare apertamente dell'esistenza di Gladio e di come tale rete creata in ambito NATO e in funzione antisovietica avesse iniziato a usare appartenenti a gruppi eversivi di destra per i suoi scopi. Accusato dal giudice istruttore Felice Casson di aver fatto parte a sua volta di Gladio, Vinciguerra ha sempre negato il fatto, e fu il giudice Guido Salvini, lo stesso che indagò sulla tua uccisione portando a processo i tuoi assassini, a sostenere la veridicità di quanto affermato dall'ex membro di Avanguardia Nazionale, sostenendo in merito alla strage di Peteano che "la specificità dell'episodio discende dal fatto che si è trattato, come ampiamente narrato da Vinciguerra che ne è stato il principale esecutore, di un attentato di rottura, volto cioè a colpire direttamente militari (e quindi lo Stato) con la finalità di interrompere il rapporto di 'cobelligeranza' che si era instaurato tra i gruppi di estrema destra e parte degli apparati statali nell'ottica di una soluzione golpistico-reazionaria, e non rivoluzionaria e anti-atlantica com'era invece nell'ideologia di Vinciguerra. L'attentato di Peteano diventa tuttavia parte integrante di quella strategia della tensio-

ne che ha visto protagonisti apparati dello Stato nel momento in cui, subito dopo la sua consumazione, alti comandi dell'Arma dei carabinieri deviano le indagini su false piste, inizialmente su elementi della piccola malavita locale e poi su Lotta Continua".

[12] A Giarabub, in Libia, una guarnigione italiana comandata dal colonnello Salvatore Castagna resistette per nove mesi di combattimenti quasi ininterrotti all'assedio di soverchianti forze britanniche, scrivendo una delle pagine più eroiche della guerra combattuta sul suolo africano. Dopo l'annientamento del presidio venne composta una canzone, *La sagra di Giarabub*, e nel 1942 il regista Goffredo Alessandrini girò il film *Giarabub*, nel quale recitavano tra gli altri Alberto Sordi e Doris Duranti.

[13] Franca Rame, moglie di Dario Fo, venne sequestrata il 9 marzo 1973 in via Nirone a Milano, fatta salire a forza su un furgone e stuprata per poi essere abbandonata in un parco. I responsabili materiali vennero individuati dal giudice Guido Salvini, lo stesso che poi si sarebbe occupato dell'inchiesta e del processo nei confronti dei tuoi assassini, negli ambienti dell'estrema destra milanese.

[14] La sera del 23 gennaio 1973 era in programma un'assemblea del Movimento Studentesco presso l'Università Bocconi. Assemblee di questo tipo erano state fino ad allora autorizzate normalmente e non avevano mai dato adito a nessun incidente e, nel caso specifico, si trattava dell'aggiornamento di un'assemblea già iniziata alcuni giorni prima; ma l'allora rettore dell'università quella sera ordinò che potessero accedere solo studenti della Bocconi con il libretto universitario di riconoscimento, escludendo lavoratori o studenti di altre scuole o università. Ciò significava vietare l'assemblea e il rettore informò la polizia, che intervenne, con un reparto della Celere, intenzionata a far rispettare il divieto con la forza. Ne nacque un breve scontro con gli studenti e i lavoratori e, mentre questi si allontanavano, poliziotti e funzionari spararono vari colpi d'arma da fuoco ad altezza d'uomo. Lo studente Roberto Franceschi fu raggiunto al capo, l'operaio Roberto Piacentini alla schiena. Entrambi caddero colpiti alle spalle. Per l'omicidio di Franceschi non ha mai pagato nessuno: dalla prima versione data dalla questura di Milano, secondo cui il giovane e brillante studente era morto perché colpito al capo da una pietra, si arrivò all'ammissione che a ucciderlo era stato un proiettile in dotazione alla polizia, e che durante la manifestazione le forze dell'ordine avevano esploso almeno cinque colpi. Vale la pena riportare qui l'intervista rilasciata ad Andrea Gianni del quotidiano "Il Giorno" da Lydia Buticchi, madre di Roberto Franceschi: "Milano, 24 gennaio 2020 – 'Mio figlio era una persona meravigliosa: lo amavo tantissimo.' Una frase che, nella sua semplicità, dipinge una vita spezzata all'età di 20 anni, il 30 gennaio del 1973. Quel giorno il bocconiano 'da trenta e lode' Roberto Franceschi morì al Policlinico, vittima di un proiettile sparato la sera del 23 gennaio da un'arma in dotazione alla polizia durante uno scontro con studenti e lavoratori. In quell'episodio rimase ferito anche l'operaio Roberto Piacen-

tini. Mezzo secolo 'senza giustizia' per i familiari, nessun condannato per l'omicidio in una vicenda segnata da depistaggi, silenzi e 26 anni di battaglie giudiziarie. Lydia Buticchi, la madre di Roberto Franceschi, all'età di 96 anni non smette di lottare con al fianco la figlia Cristina: 'Abbiamo trasformato rabbia e dolore enorme in un'occasione per migliorare la società, con borse di studio per tanti ragazzi. Questa è la vendetta di Roberto'. Quando ha visto per l'ultima volta suo figlio? 'La sera del 23 gennaio io e Cristina siamo andate a teatro, mentre Roberto è rimasto a casa perché c'era l'assemblea in Bocconi e doveva finire di pinzare le dispense di matematica scritte per i compagni. Quando siamo tornate ci ha chiamate il professor Francesco Fenghi dicendo che Roberto era rimasto ferito. Io ho pensato: saranno stati i fascisti. Al Policlinico i medici ci hanno detto che era stato raggiunto da un colpo di pistola, ma i giornali scrissero che era stato colpito da un sasso. Abbiamo deciso di andare a cercare la verità, c'è stato un percorso processuale, durato 26 anni.' Come lo ha affrontato? 'A muso duro, come una leonessa. Nel primo processo abbiamo chiesto l'assoluzione dell'agente Gianni Gallo, non volevamo un capro espiatorio.' Come avete capito che lui era innocente? 'C'erano le testimonianze delle persone che avevano visto poliziotti in borghese, non in divisa, che sparavano, e tanti altri elementi raccolti anche da noi.' Poi ci fu il secondo processo. 'Anche il vicequestore Tommaso Paolella, visto all'incrocio con via Bocconi mentre sparava ad altezza d'uomo, fu assolto. Nessuno ha pagato per l'omicidio.' Come ha reagito? 'Nel 1985 ero preside alla scuola Rinaldi di Milano e, per la delusione, ho deciso di rassegnare le dimissioni. Il ministro dell'Istruzione Franca Falcucci le ha respinte, ho chiesto il distaccamento all'università e sono andata alla Statale. Chiuso il capitolo dei processi abbiamo portato avanti la battaglia in sede civile ottenendo, almeno lì, giustizia. Con il risarcimento abbiamo finanziato la Fondazione Roberto Franceschi, che negli anni ha erogato 47 borse di studio e fondi per 33 ricercatori.' Da parte delle istituzioni ha mai ricevuto scuse? 'Solo con i Poliziotti Democratici c'è stato un dialogo. Ricordo un poliziotto che ogni 23 gennaio veniva agli incontri di nascosto, ma da parte dei vertici solo silenzio.' Che messaggio rivolgerebbe a chi ha ucciso Roberto? 'Che è solo un vigliacco.' Che persona sarebbe diventata, secondo lei, suo figlio? 'Un professore universitario, ma nello stesso tempo avrebbe portato avanti il suo impegno politico e sociale.' Avete avuto contatti con altre famiglie di vittime? 'Abbiamo costruito una rete di solidarietà. A un certo punto ho avuto anche un moto di ribellione perché non volevo essere la dea della morte, in campo solo per le tragedie. Ma non mollo mai perché ricordo sempre una frase che Roberto mi ha rivolto il 12 dicembre 1972, prima di andare in manifestazione nell'anniversario di Piazza Fontana: Se mi dovesse succedere qualcosa, devi continuare la mia lotta.'"

[15] Quando nell'agosto 1991 il presidente della Repubblica Francesco Cossiga propose di concedere la grazia a Renato Curcio, la famiglia Mazzola per protesta chiese la sospensione dallo status di cittadinanza italiana. Sil-

via Giralucci, ormai ventenne, scrisse al capo dello Stato: "La grazia è un'ingiustizia che ci offende, sia come familiari delle vittime del terrorismo, che come privati cittadini. Mia madre ed io avevamo già espresso parere negativo alla grazia... La nostra vita è stata profondamente segnata da quell'episodio, è una vita non completa, non normale. Perché dobbiamo concedere una vita normale a chi non ha permesso che la nostra fosse tale? Hanno stroncato e segnato irreversibilmente troppe vite per avere il diritto di godersi la loro. Constatatone il fallimento, vorrebbero, e lei con loro, considerare la loro esperienza storicamente sorpassata, ma il dolore mio e della mia famiglia non è ancora storia, è vita".

[16] Renato Curcio poi definì il duplice omicidio "un imbarazzante incidente di lavoro" e "un errore molto grave e un disastro politico". In una lunga intervista concessa a Mario Scialoja, all'origine del libro intitolato *A viso aperto* pubblicato da Mondadori nel 1993, proprio in relazione al delitto di via Zabarella, Curcio disse che all'epoca escludeva del tutto l'idea di uccidere consapevolmente per scopi politici, ritenendo questa pratica controproducente e negativa per la stessa organizzazione. Gli stessi responsabili della colonna veneta sollecitarono i vertici delle BR a rinunciare alla rivendicazione di paternità degli omicidi. Pur con molti dubbi le BR rivendicarono l'azione specificando nel volantino che, pur essendo responsabili degli omicidi, le BR seguivano un'altra linea e che i delitti non erano stati pianificati dall'organizzazione. Durante il processo di appello, celebrato a Venezia nel 1991, una nuova perizia balistica concluse, contrariamente a quanto dichiarato dalla Ronconi, la quale sosteneva che Mazzola e Giralucci fossero stati uccisi perché avevano tentato di strappare le pistole dalle mani di Pelli e Ognibene, che si era trattato di una vera e propria esecuzione, e che le due vittime erano state freddate con un colpo alla nuca.

[17] Paolo Di Nella si era impegnato per far sì che il 2 febbraio 1983 partisse una nuova iniziativa politica del Fronte della Gioventù nel quartiere Trieste-Salario nell'ambito della campagna per l'acquisizione pubblica di Villa Chigi, una villa del Settecento con annesso parco, allo scopo di trasformarla in un centro socioculturale. L'iniziativa prevedeva una raccolta di firme accompagnata da una campagna di affissioni. Il pomeriggio del 2 febbraio, Di Nella tentò una prima volta di procedere con l'affissione, ma fu intercettato da una pattuglia dei carabinieri, che gli intimarono di non procedere oltre. Di Nella decise allora di ritentare l'affissione in serata, e intorno alle 22.00 si fece accompagnare in auto da un'amica, Daniela Bertani. Mentre lui attaccava numerosi manifesti, lei notò il reiterato passaggio di un motorino con due persone a bordo. Quando Di Nella e Bertani arrivarono in viale Libia, alle ore 00.45, lui scese dalla sua auto per affiggere un paio di manifesti su un tabellone al centro della strada, mentre lei rimase ad aspettarlo in auto. Intanto, due giovani sembravano aspettare un autobus alla fermata Atac della linea 38, anche se a quell'ora i mezzi pubblici non passavano più. Stando al rapporto della DIGOS, uno dei due si avvicinò senza parlare a Di Nella, e gli

sferrò un solo colpo alla tempia con un oggetto contundente, probabilmente un grosso manganello o una spranga di ferro. Dopodiché scappò a piedi con il complice, prendendo via Lago Tana in direzione del quartiere Africano. Di Nella si piegò sulle gambe ma si rialzò dopo pochi istanti. La Bertani, che nel frattempo si era precipitata fuori dall'auto, gli chiese se stesse male ma lui disse di no. A quel punto l'amica lo accompagnò a una fontanella di piazza Vescovio, dove lo aiutò a lavare la ferita sanguinante dietro l'orecchio, e gli diede dei fazzoletti per tamponare l'emorragia. Di Nella le chiese di essere riaccompagnato a casa, con la promessa che non avrebbe raccontato a nessuno quanto era accaduto. Tornato nell'abitazione dei suoi genitori in corso Trieste intorno all'una e mezza, si lavò i capelli, quindi si coricò nella stanza della sorella, che era quella più vicina al bagno. Suo padre e sua madre vennero svegliati dai suoi lamenti e accorsero: Paolo chiese loro una borsa per il ghiaccio e spiegò alla madre di temere il trauma cranico. I genitori chiamarono allora il medico di famiglia, che ne dispose immediatamente il ricovero. In ambulanza venne portato al Policlinico Umberto I: quando vi giunse alle ore 4.00 era già in coma. Dalla mattina successiva i suoi amici lo vegliarono per una settimana nella corsia dell'ospedale. Il 4 febbraio Ugo Vetere, all'epoca sindaco di Roma, si presentò al Policlinico e deplorò l'accaduto. Il giorno successivo anche il presidente della Repubblica, l'ex partigiano Sandro Pertini, si recò in visita privata a trovare Di Nella. I medici gli spiegarono che il coma era irreversibile, e Pertini si trattenne brevemente con i familiari. L'agonia di Di Nella ebbe termine il 9 febbraio alle 20.05, quando morì senza avere mai ripreso conoscenza. A quel punto le indagini videro un'accelerata e vennero effettuate alcune perquisizioni nei confronti di elementi dell'estrema sinistra che risiedevano nel quartiere Africano. Un volantino che rivendicava l'agguato, firmato da Autonomia Operaia, fu ritrovato il 14 febbraio in una cabina telefonica di piazza Gondar in seguito a una telefonata anonima giunta al 113. Tra i sospettati vennero individuati Corrado Quarra e Luca Baldassarre, militanti di Autonomia Operaia della zona. Resisi conto di essere controllati, i due si resero irreperibili, ma il 2 agosto Quarra venne fermato a un normale posto di blocco in piazza Risorgimento, e due giorni dopo nel confronto Daniela Bertani riconobbe in lui la persona che aveva colpito Di Nella alla testa. Il sostituto procuratore Santacroce spiccò un mandato di cattura e il Tribunale della Libertà convalidò l'arresto. Nuovamente convocata il 4 novembre per un secondo riconoscimento, la Bertani sbagliò il riconoscimento del secondo indiziato, Luca Baldassarre. Il giudice allora ritenne che, avendo sbagliato il secondo riconoscimento, avrebbe potuto aver sbagliato anche il primo, e in base a ciò il 29 dicembre il giudice istruttore Vitaliano Calabria firmò l'ordine di scarcerazione di Corrado Quarra. Il 21 aprile 1986 le indagini si chiusero con il proscioglimento di Quarra.

[18] Era il 28 maggio 1979 quando Cecchin, che stava affiggendo manifesti del Fronte della Gioventù in compagnia di quattro amici, si trovò a litigare

con un gruppo di militanti della sezione romana del PCI di via Montebuono. Stando ai missini, i comunisti – che avevano ricoperto per intero i tabelloni elettorali – li avevano sorpresi nell'atto di riprendersi gli spazi; stando ai comunisti, i missini avevano strappato i manifesti del PCI, e dunque si era reso necessario intervenire per impedire l'affissione di quelli dell'MSI. Nel corso della lite Sante Moretti, l'allora segretario della sezione del PCI, avrebbe minacciato Cecchin. Secondo quanto riportato dai ragazzi del Fronte, questi si sarebbe espresso così: "Tu stai attento. Perché se poi m'incazzo ti potresti fare male. Vi abbiamo fatto chiudere la sezione di via Migiurtinia, vi faremo chiudere anche quella di via Somalia". Molti anni dopo, in occasione di un'intervista, Moretti ammise di aver minacciato la chiusura di tutte le sezioni dell'MSI, ma negò di aver minacciato Cecchin. Sta di fatto che quella sera poi Cecchin uscì per cena con la sorella e un amico, e in piazza Vescovio, nel quartiere Trieste, fu riconosciuto dagli occupanti di una Fiat 850. Due di questi scesero dalla vettura e gli corsero incontro. Lui scappò mentre la sorella e l'amico chiamavano la polizia. Cecchin puntò verso un condominio di via Montebuono, lì dove abitava un amico. Poco dopo, fu ritrovato ai piedi di un parapetto alto tre metri, privo di conoscenza. Cecchin spirò il 16 giugno, dopo diciannove giorni di coma. A lungo si tentò di accreditare la tesi della caduta accidentale: solo più tardi venne appurato che si era trattato di omicidio volontario, e che il movente dell'aggressione andava ricercato nella lite sui manifesti. La sera stessa della scomparsa di Cecchin, due bombe a mano vennero lanciate all'interno di una sezione del PCI, provocando il ferimento di ventiquattro persone. I Nuclei Armati Rivoluzionari rivendicarono l'attentato con una telefonata anonima, e per mezzo di un volantino proclamarono la condanna a morte di Sante Moretti. Intanto le indagini svolte a partire dalla Fiat 850 portarono all'individuazione del militante comunista Stefano Marozza, il quale ammise di avere partecipato alla lite scoppiata in piazza Vescovio e che risultava proprietario di un'auto identica a quella dalla quale erano scesi gli aggressori. Interrogato, dichiarò che aveva passato la serata con un amico al cinema Ariel dov'era in programma il film *Il vizietto*. Il suo alibi però non resse nel momento in cui l'amico in questione lo smentì e venne verificato che presso quel cinema la pellicola proiettata la sera dell'aggressione era un'altra. Testimoni dissero inoltre che la Fiat 850 era presente sul luogo dell'agguato ancora alle 23.40, smentendo le dichiarazioni di Marozza, che sosteneva di essersi allontanato in auto alle 21.30. Marozza venne dunque arrestato il 1° luglio 1979 con l'accusa di concorso in omicidio, ma il successivo 21 novembre i periti esclusero che le ferite presenti sul corpo di Cecchin provassero con certezza che questi fosse stato picchiato prima di cadere. Sull'attendibilità di questa perizia la stessa Corte d'assise si disse perplessa, ma il 24 gennaio 1981 Marozza fu comunque assolto per non aver commesso il fatto. Così la sentenza del 23 gennaio 1981: "È convinzione della Corte che, nel caso di specie, non si sia trattato di omicidio preterintenzionale, ma di vero e proprio omicidio volontario". Il processo tuttavia assolse l'unico imputato precisando che le responsabilità non potevano essere accertate a causa di una serie di gravi negligenze nelle indagini e ipotizzando eventuali responsabilità da parte degli inquirenti. Ciò nonostante, il caso venne chiuso così.

[19] Il 31 marzo 1976, a un anno di distanza dall'aggressione e dalla morte di Sergio Ramelli, il servizio d'ordine di Avanguardia Operaia assaltò il bar Porto di Classe nel largo omonimo, una piccola piazza all'incrocio tra viale Argonne e via Lomellina, quattrocento metri in linea d'aria da via Paladini. Ritenuto ritrovo di "fasci" il locale fu devastato: tutte le vetrine vennero infrante e all'interno del locale vennero gettate bombe molotov. Sette avventori vennero feriti. Tra questi, Fabio Ghilardi, che andato in coma e finito nel polmone d'acciaio subì due operazioni e patì una forma di epilessia permanente, il sedicenne Giovanni Maida, che se la cavò con quattro fratture alla mandibola e una alla spalla, e Bruno Carpi, che subì il doppio sfondamento della calotta cranica con lesioni permanenti al cervello, restando invalido per il resto della vita.

[20] Autore nel 1995 del libro *In memoria di Sergio Ramelli.*

[21] Non furono pochi in effetti i provvedimenti di carattere sociale adottati durante il regime, a parte va da sé la bonifica delle paludi pontine, la fondazione di città come Carbonia e Littoria (oggi Latina), la riforma della scuola concepita da Giovanni Gentile, la creazione della Mostra d'Arte Cinematografica di Venezia e l'impulso dato più in generale al cinema, alle arti plastiche e figurative, alla radio e all'architettura:

Tutela lavoro donne e fanciulli. Regio Decreto n. 653 del 26.04.23

Assicurazione invalidità e vecchiaia. Regio Decreto n. 3184 del 30.12.23

Assistenza ospedaliera. Regio Decreto n. 2841 del 30.12.23

Obbligo scolastico. Regio Decreto n. 3120 del 31.12.23

Opera Nazionale Maternità e Infanzia. Regio Decreto n. 2277 del 10.12.25

Assicurazione contro la disoccupazione. Regio Decreto n. 3158 del 30.12.26

Assistenza illegittimi e abbandonati. Regio Decreto n. 798 del 08.05.27

Assistenza obbligatoria contro la tubercolosi. Regio Decreto n. 2055 del 27.10.27

Esenzioni tributarie famiglie numerose. Regio Decreto n. 1312 del 14.05.28

Assicurazione obbligatoria contro malattie professionali. Regio Decreto n. 928 del 13.05.29

Opera Nazionale Orfani di Guerra. Regio Decreto n. 1397 del 26.07.29

Istituto Nazionale Fascista Assicurazione Infortuni sul Lavoro INFAIL. Regio Decreto n. 112 del 10.01.33

Istituzione libretto di lavoro. Regio Decreto n. 112 del 10.01.35

Istituto Nazionale Fascista per la Previdenza Sociale INFPS. Regio Decreto n. 1827 del 04.10.35

Riduzione della settimana lavorativa a 40 ore. Regio Decreto n. 1768 del 29.05.37

Ente Comunale di Assistenza (ECA). Regio Decreto n. 847 del 03.06.37

Assegni familiari. Regio Decreto n. 1048 del 17.06.37

Casse rurali e artigiane. Regio Decreto n. 1706 del 26.08.37

Tessera sanitaria per addetti servizi domestici. Legge n. 1239 del 22.06.39

Istituto Nazionale per le Assicurazioni contro le Malattie (INAM). Regio Decreto n. 318 del 11.01.43

E ancora, dall'articolo 12 del Manifesto di Verona: "In ogni azienda (industriale, privata, parastatale, statale) le rappresentanze dei tecnici e degli operai coopereranno intimamente – attraverso una conoscenza diretta della gestione – all'equa fissazione dei salari, nonché all'equa ripartizione degli utili tra il fondo di riserva, il frutto al capitale azionario e la partecipazione agli utili degli stessi lavoratori".

Per finire con il decreto legislativo del Duce – 12 febbraio 1944 – XXII n. 375. Socializzazione delle Imprese.

Art. 1 (Imprese socializzate) – Le imprese di proprietà privata che dalla data del 1° gennaio 1944 abbiano almeno un milione di capitale o impieghino almeno cento lavoratori sono socializzate.

[22] Figlio di un noto economista, Giuseppe Lojacono, esponente del PCI romano, e della cittadina svizzera Ornella Baragiola, coppia che aveva casa in Campo de' Fiori. Rimase latitante a Roma per due anni, fino alla sua assoluzione in primo grado nel maggio del 1977. Poi entrò nelle FAC o Formazioni Comuniste Combattenti e in seguito nelle Brigate Rosse. Condannato a sedici anni di reclusione in secondo grado, grazie a coperture familiari e parlamentari fuggì prima in Algeria e poi in Svizzera. Condannato a diciassette anni per l'omicidio del giudice Girolamo Tartaglione, ne sconterà nove più due in semilibertà, ma nemmeno un giorno per l'omicidio di Mantakas. Nel processo Moro Quater, fu condannato all'ergastolo in contumacia per aver bloccato con Alessio Casimirri via Fani, così da impedire la fuga all'auto su cui viaggiavano Aldo Moro e la sua scorta.

[23] Qui e altrove sui giornali compare talvolta un'età che ancora Ramelli non aveva. Avrebbe compiuto diciannove anni poco più di due mesi dopo la sua morte.

[24] Scriveranno Silvia Pagliuca e Chiara Trombetta sul "Corriere della Sera" del 1° luglio 2013: "Lo chiamavano 'el Camerùn', in milanese. Con un filo di disprezzo, perché già negli anni Sessanta qui convivevano razze e continenti diversi. Oggi viale Bligny 42 è il fortino. Ma anche questo soprannome non basta a descrivere il mondo chiuso in questo cortile, dove gli spacciatori, i *viados* e le prostitute convivono accanto alle statue della Madonna protette dai lumini rossi e alle lapidi dei ragazzi partiti da qui e morti sul fronte della Prima guerra mondiale. Un buco nero di Milano orribile e affascinante al tempo stesso, inaccessibile e popolare, tanto da esser scelto come atelier (al primo piano) da uno degli artisti italiani contemporanei più quotati del pianeta, quel Maurizio Cattelan dei bambini-manichini, dei cavalli sospesi alle pareti e del dito medio agli yuppies di piazza Affari... Nell'85 l'allora giudice istruttore Guido Salvini scoprì, proprio in viale Bligny 42, un covo di Avanguardia Operaia. All'interno c'era l'archivio riservato e i do-

cumenti che testimoniavano contatti con le Brigate Rosse. Pochi anni fa, nei sottotetti, trovarono un rifugio usato dagli aspiranti qaedisti pronti al martirio. Tra appartamenti affittati sotto falso nome. Vecchi e nuovi terrori nello stesso buco nero di Milano".

[25] Ugo Venturini, trentadue anni, colpito da una bottiglietta riempita di sabbia durante un comizio di Giorgio Almirante a Genova il 18 aprile 1970; Carlo Falvella, diciannove anni, accoltellato a Salerno il 7 luglio 1972; Virgilio e Stefano Mattei, ventidue e dieci anni, arsi vivi nel rogo doloso della loro abitazione a Roma il 16 aprile 1973; Giuseppe Santostefano, cinquant'anni, aggredito a Reggio Calabria il 31 luglio 1973; Emanuele Zilli, venticinque anni, sprangato a Pavia il 3 novembre 1973; Giuseppe Mazzola, sessant'anni, e Graziano Giralucci, ventinove anni, uccisi dalle Brigate Rosse a Padova il 17 giugno 1974; Mikis Mantakas, ventun anni, assassinato con un colpo di pistola a Roma il 28 febbraio 1975; Sergio Ramelli, diciotto anni, sprangato a Milano il 13 marzo 1975 e deceduto il 29 aprile 1975; Mario Zicchieri, sedici anni, ucciso da un colpo di fucile a canne mozze il 29 ottobre 1975 a Roma; Enrico Pedenovi, cinquant'anni, colpito con armi da fuoco da un commando di Prima Linea il 29 aprile 1976 a Milano; Angelo Pistolesi, trentun anni, ucciso con un colpo di pistola il 28 dicembre 1977 a Roma; Franco Bigonzetti, diciannove anni, e Francesco Ciavatta, diciotto, freddati a colpi di mitraglietta il 7 gennaio 1979 a Roma; la stessa sera viene ucciso anche Stefano Recchioni, diciannove anni da un colpo di pistola; un anno dopo, il 10 gennaio 1979, sempre a Roma, vengono uccisi a colpi di arma da fuoco Alberto Giaquinto, diciassette anni, e Stefano Cecchetti, diciannove; Francesco Cecchin, diciotto anni, sprangato e poi scaraventato in un cortile il 16 giugno 1979 a Roma; Angelo Mancia, ucciso da un colpo di pistola a Roma il 12 marzo 1980; infine, sempre a Roma, il 9 febbraio 1983 muore sprangato Paolo di Nella, vent'anni.

[26] Teorici dello spontaneismo armato nazional-rivoluzionario, i Nuclei Armati Rivoluzionari segnarono un punto di svolta all'interno dell'eversione nera e operarono una rottura rispetto ai loro padri politici. Disconoscendo le pulsioni golpiste e la fase stragista di coloro i quali li avevano preceduti (Ordine Nuovo, Avanguardia Nazionale, Ordine Nero) e rifiutando le logiche di sterile contrapposizione alle formazioni extraparlamentari di sinistra, i NAR decisero di impugnare le armi direttamente contro lo Stato. In quattro anni i NAR si resero responsabili di trentatré omicidi, per i quali furono condannati con sentenza definitiva Giuseppe Valerio Fioravanti, Francesca Mambro e Luigi Ciavardini. In *Storia nera*, di Andrea Colombo, Valerio Fioravanti raccontò: "Io non sono mai stato fascista. Sono stato anti-antifascista, che è una cosa molto diversa. L'ho detto anche ai giudici: cercate una fotografia, una sola, in cui mi si veda fare il saluto fascista. Non ce ne sono". Ancora lui in *A mano armata* di Giovanni Bianconi: "Un altro mutamento che lentamente avviene riguarda l'atteggiamento nei confronti delle formazioni dell'ultrasinistra ivi comprese quelle armate... Le organizzazioni di estrema

sinistra armate vengono prese a modello per la serietà e l'impegno dimostrati nelle loro azioni: parlando dei compagni si sottolineava spesso l'unità di generazione e inoltre se ne apprezzava la caratteristica antiborghese, che voleva essere anche una nostra caratteristica".

[27] Con il metodo del waterboarding a base di acqua, sale e imbuti, ma anche con lo spegnimento di sigarette sugli organi genitali, infilando spilli sotto le unghie dei piedi o altri oggetti nelle vagine delle detenute: "Ammesso, e assolutamente non concesso, che ci si debba arrivare, la tortura – se così si può definire – è l'unico modo, soprattutto quando ricevi pressioni per risolvere il caso, costi quel che costi. Se ci sei dentro non ti puoi fermare, come un chirurgo che ha iniziato un'operazione devi andare fino in fondo. Quelli dell'Ave Maria esistevano, erano miei fedelissimi che sapevano usare tecniche particolari di interrogatorio, a dir poco vitali in certi momenti": così il "Dottor De Tormentis", alias Nicola Ciocia, a Nicola Rao, autore per Sperling & Kupfer di *Colpo al cuore. Dai pentiti ai metodi speciali: come lo Stato uccise le BR. La storia mai raccontata.*

Fonti

AA.VV., *Sergio Ramelli. Una storia che fa ancora paura*, Idrovolante Edizioni, Alatri (FR), 2024.

Ardica, Giuseppe e Concutelli, Pierluigi, *Io, l'uomo nero. Una vita tra politica, violenza e galera*, Marsilio, Venezia, 2008.

Bianconi, Giovanni, *A mano armata. Vita violenta di Giusva Fioravanti, terrorista neo-fascista quasi per caso*, Baldini e Castoldi, Milano, 1992.

Buscaroli, Piero, *Dalla parte dei vinti*, Mondadori, Milano, 2010.

Bussagli, Paolo (diretto da), *Milano Burning. Storia di Sergio*, documentario, 2012.

Calabresi, Mario, *Spingendo la notte più in là. Storia della mia famiglia e di altre vittime del terrorismo*, Mondadori, Milano, 2007.

Cederna, Camilla, *Pinelli. Una finestra sulla strage*, Feltrinelli, Milano, 1971.

Culicchia, Giuseppe, *Il tempo di vivere con te*, Mondadori, Milano, 2021.

Di Tullio, Domenico, *Centri sociali di destra. Occupazioni e culture non conformi*, Castelvecchi, Roma, 2005.

Fuga, Gabriele e Maltini, Enrico, *E 'a finestra c'è la morti. Pinelli: chi c'era quella notte*, Zero in condotta, Milano, 2013.

Lanna, Luciano e Rossi, Filippo, *Fascisti immaginari. Tutto quello che c'è da sapere sulla destra*, Vallecchi, Firenze, 2003.

Lanna, Luciano, *Il fascista libertario. Da destra oltre la destra tra Clint Eastwood e Gianfranco Fini*, Sperling & Kupfer, Milano, 2011.

Macry, Paolo, *Storie di fuoco. Patrioti, militanti, terroristi*, Il Mulino, Bologna, 2021.

Marconi, Gabriele, *Io non scordo*, Fazi, Roma, 2004.

Novelli, Massimo, *L'ausiliaria e il partigiano. Storia di Marilena Grill 1928-1945*, Spoon River, 2007.

Pacini, Giacomo, *La spia intoccabile. Federico Umberto D'Amato e l'Ufficio Affari Riservati*, Einaudi, Torino, 2021.

Pasolini, Pier Paolo, *Scritti corsari*, Garzanti, Milano, 1975.

Pasolini, Pier Paolo, *Lettere luterane*, Garzanti, Milano, 1976.

Rao, Nicola, *Colpo al cuore. Dai pentiti ai metodi speciali: come lo Stato uccise le BR. La storia mai raccontata*, Sperling & Kupfer, Milano, 2011.

Salierno, Giulio, *Autobiografia di un picchiatore fascista*, Einaudi, Torino, 1976.

Steccanella, Davide, *Milano e la violenza politica 1962-1986. La mappa della città e i luoghi della memoria*, Milieu, Milano, 2020.

Tarchi, Marco, *Esuli in patria. I fascisti nell'Italia repubblicana*, Guanda, Parma, 1995.

Tarchi, Marco con Carioti, Antonio, *Le tre età della Fiamma. La destra in Italia da Giorgio Almirante a Giorgia Meloni*, Solferino, Milano, 2024.

Tassinari, Ugo Maria, *Fascisteria. I protagonisti, i movimenti e i misteri dell'eversione nera in Italia (1945-2000)*, Castelvecchi, Roma, 2001.

Telese, Luca, *Cuori neri. Dal rogo di Primavalle alla morte di Ramelli. 21 delitti dimenticati degli anni di piombo*, Sperling & Kupfer, Milano, 2006.

Crediti

Immagini

p. 24, Marka/UIG/Mondadori Portfolio
p. 25, De Bellis/IPA
p. 30, Mondadori Portfolio/Fototeca Gilardi
p. 31, PHOTO12 via ZUMA Press/Mondadori Portfolio
p. 32, Mondadori Portfolio/Fototeca Gilardi
p. 33, Giacomino foto/IPA
p. 42, Mondadori Portfolio/Archivio GBB
p. 54, foto dal volume *Sergio Ramelli, una storia che fa ancora paura*, Idrovolante editore, 2024.
p. 75, PUBLIFOTO/OLYCOM/Lapresse
p. 81, The Picture Art Collection/Alamy Foto Stock/IPA
p. 133, Ansa
p. 170, Fotogramma/IPA
p. 212, Eugenio Grosso/Fotogramma/IPA

Per le immagini alle pp. 16, 52 e 102, l'editore resta a disposizione di eventuali aventi diritto che non è stato possibile reperire, malgrado i tentativi effettuati.

I versi a pag. 235 sono tratti da *Canzone del maggio* (liberamente tratta da un canto del maggio francese 1968). Testo di Fabrizio De André e Giuseppe Bentivoglio. Musica di Fabrizio De André e Nicola Piovani © 1973 Universal Music Publishing Ricordi Srl. Tutti i diritti riservati per tutti i Paesi. Riprodotto su autorizzazione di Hal Leonard Europe BV

Ringraziamenti

Grazie come sempre a Walter e Ada, Francesco e Elisabetta e Gabriella, Francesco Giuseppe e Federico Francesco Filippo. Grazie a Fabrizio e Graziano. Grazie a Pier Vittorio. Grazie a Giovanni e Linda e Marilena. Grazie a Ottavia. Grazie a Francesca e Diego. Grazie a Gabriele e Paola. Grazie a Maurizio e Edoardo. Grazie a Luciano e Adriano. Un grazie particolare a Guido Giraudo per i preziosi materiali messi a disposizione per la stesura di questo libro: senza la sua instancabile opera di preservazione della memoria queste pagine non sarebbero state possibili. Grazie a Claudio Volante per la cura meticolosa del sito www.sergioramelli.it, rivelatosi altrettanto utile. Grazie a Margherita per l'editing. E grazie di cuore a Margherita C., che incoraggiandomi mentre lo scrivevo ha letto per prima questo libro: «Vedrai, stavolta ti attaccheranno tutti». *Et voilà.*

Per quanto voi vi crediate assolti,
siete per sempre coinvolti.
FABRIZIO DE ANDRÉ

MISTO
Carta | A sostegno della gestione forestale responsabile
FSC® C115118

Mondadori Libri S.p.A.

Questo volume è stato stampato
su carta HOLMEN
con fibra vergine proveniente da foreste sostenibili holmen.com/paper
presso ELCOGRAF S.p.A.
Stabilimento - Cles (TN)

Stampato in Italia - Printed in Italy